MAHMUD DARWISCH

WENIGER ROSEN

MAHMUD DARWISCH

WENIGER ROSEN

GEDICHTE

Arabisch – Deutsch

Aus dem Arabischen übersetzt
von Khalid Al-Maaly und Heribert Becker

Verlag Hans Schiler

Herausgegeben von Khalid Al-Maaly

Bibliografische Information der Deutschen Bibliothek
Die Deutsche Bibliothek verzeichnet diese Publikation in der Deutschen Nationalbibliografie; detaillierte bibliografische Daten sind im Internet über http://dnb.ddb.de abrufbar.

5. Auflage 2016

Originaltitel: *Wardun aqal*, Riyad El-Rayyes, Beirut, 1986

Satz und Umschlag: Jasmin Azar
Kalligraphie von Sadik as-Sayeg
Druck: Standartų Spaustuvė, Vilnius
Printed in Lithuania

ISBN 978-3-89930-101-4

Weniger Rosen

سَأَقْطعُ هذَا الطَّرِيق

سَأَقْطعُ هذَا الطَّرِيقَ الطَّوِيلَ، وهذَا الطريقَ الطويلَ إلى آخِرهْ،
إلى آخِرِ القَلب أَقطعُ هذا الطريقَ الطويلَ الطويلَ الطويلْ...
فما عدتُ أخسرُ غيرَ الغُبار وما ماتَ منِّي وصفٌّ النخيلْ
يدُلُّ علَى ما يَغيبُ. سأعبرُ صفَّ النخيلِ. أيحتاجُ جُرْحٌ إلى شاعِرهْ
ليرسُم رُمَّانةً للغيابِ؟ سأبْني لكُمْ فَوْقَ سَقْفِ الصَّهيلْ
ثلاثِينَ نافِذةً للْكِناية،فلتخرُجُوا مِن رَحيلٍ لكيْ تدْخُلوا في رحِيلْ.
تضُيقُ بِنا الأَرضُ أَوْ لاَتضيِقُ.سنقْطعُ هَذا الطَّرِيقَ الطَّويلْ
إلى آخر القوْسِ. فلتتوتّرْ خُطَانا سِهاماً. أَكُنَّا هُنا منذُ وقتٍ قليلْ
وعمَّا قليلٍ سنَبلغُ سَهْمَ البِداية؟ دارت بِنا الرِّيحُ دارتْ، فَماذا تقُولْ؟

أَقُولُ: سَأَقْطعُ هذَا الطَّرِيقَ الطَّوِيلَ إلى آخَري... وإلى آخِرهْ.

Ich werde diesen Weg zurücklegen

Ich werde diesen langen Weg zurücklegen,
diesen langen Weg, bis ans Ende.
Bis ans Ende des Herzens werde ich diesen
langen, so langen Weg zurücklegen ...
Da ich nur noch den Staub zu verlieren habe
und was tot ist in mir, und die Palmenreihe
Zeigt an, was abwesend ist. Ich werde die Palmenreihe
durchqueren. Braucht eine Wunde ihren Dichter,
Um der Abwesenheit einen Granatapfel zu
zeichnen? Ich werde auf dem Dach des Wieherns
Dreißig Fenster für die Metapher bauen. Drum steigt
aus dem einen Umherreisen aus, um in ein
anderes einzutreten.
Mag es auf Erden eng sein für uns oder nicht, wir
werden diesen langen Weg zurücklegen,
Bis ans Ende des Bogens. Mögen unsere Schritte zittern
wie Pfeile. Waren wir erst vor kurzem hier,
Und werden wir bald den Pfeil des Anfangs erreichen?
Die Winde haben sich mit uns gedreht, ja gedreht, was
sagst du dazu?

Ich sage: Ich werde diesen langen Weg zurücklegen, bis
ans Ende ... bis ans Ende meiner selbst.

وَمَا زالَ فِي الدَّرْبِ دَرْبٌ

وَمَا زالَ فِي الدَّرْبِ دَرْبٌ. وَمَا زالَ فِي الدَّرْبِ مُتَّسَعٌ للرَّحِيلْ
سنْرمي كثيراً من الوردِ في النَّهْرِ كَي نَقْطَعَ النَّهْرَ. لا أرْملهْ
تُحبُّ الرجُوعَ إليْنا.لنذهبْ هناك. هناك شِمالُ الصَّهيلْ.
ألم تنْسَ شيئاً بسِيطاً يليق.بميلادِ فكرِتنا المُقْبلهْ؟
تكلَّم عنِ الأمْسِ، ياصاحبي، كي أرى صُورتي في الهدِيلْ
وأُمسكَ طوقَ اليمامةِ، أوْ أجدَ النايَ في تينةٍ مُهْمَلهْ...
حَنيني يئِنُّ إلَى أيِّ شيءٍ؟ حَنيني يُصَوِّبني قاتلاً أو قتيلْ
وَمَا زالَ فِي الدَّرْبِ دَرْبٌ لِنَمْشي ونَمشي. إلى أيْن تأخُذُني الأسْئِلهْ؟
أنا مِن هُنا، وأنا مِن هُناكَ. ولَسْتُ هُناكَ ولَسْتُ هُنا
سَأَرْمِي كَثيراً مِن الورْدِ قبلَ الوُصُولِ إلى ورْدَةٍ في الجليلْ.

Und auf dem Wege ist noch ein Weg

Und auf dem Wege ist noch ein Weg. Und auf dem Weg
ist noch manches zu reisen.
Wir werden eine Menge Rosen in den Fluß werfen, um
ihn durchqueren zu können. Keine Witwe
Möchte zu uns zurück. Laßt uns dorthin gehen. Dort ist
der Norden des Wieherns.
Hast du nicht vielleicht etwas Einfaches vergessen, das
sich für die Geburt unsres nächsten Gedankens eignet?
Sprich von gestern, oh Gefährte, damit ich mein Bild im
Gurren sehe
Und den Halsring der Taube ergreife oder die Flöte in
einem verwilderten Feigenbaum finde ...
Seufzt mein Heimweh nach irgendetwas? Mein
Heimweh legt mich fest als Mörder der Toten.
Und auf dem Wege ist noch ein Weg zurückzulegen und
immer wieder zurückzulegen. Wohin führen mich die
Fragen?
Ich bin von hier, und ich bin von dort und ich bin weder
hier noch dort.
Ich werde soviele Rosen werfen, bevor ich in Galiläa eine
Rose erreiche.

إذا كانَ لِي أَنْ أُعيدَ البِداية

إذا كانَ لِي أَنْ أُعيدَ البِداية، أَخْتارُ ما اخْتَرْتُ: وَرْدَ السيّاج
أُسافِر ثانيةً في الدُّروبِ التِي قَدْ تُؤدِّي وقَد لا تؤدِّي إلى قُرْطبهْ.
أُعَلِّقُ ظِلِّي على صَخْرتَين لتَبْني الطُّيورُ الشرَّيدةُ عُشّاً على غُصْنِ ظِلِّي
وأُكِسرُ ظِلِّي لأَتبْعَ رائِحَةَ اللَّوزِ وهي تطيرُ على غَيمةٍ مُتْرَبهْ
وأتعبُ عِنْدَ السُّفوحِ: تَعالوا إِليَّ اسمعوني. كُلوا مِنْ رَغيفي
إشْربوا مِنْ نَبيذي، ولا تَتْرُكوني على شارِعِ العُمْرِ وَحْدي
كَصَفْصافةٍ مُتْعَبهْ.
أُحبُّ البلادَ التي لم يطأها نشيدُ الرَّحيلِ و لم تَمْتَثِلْ لدمٍ وامْرأه
أُحبُّ النِّساءَ اللَّوَاتي يُخَبِّئنَ في الشَّهوَاتِ انْتِحارَ الخُيول على عتبَهْ.
أَعوُدُ، إذا كان لي أن أَعودَ، إلى ورْدَتي نفْسِها وإلى خطْوتي نَفسها
ولَكِنَّني لا أعودُ إلى قُرْطبهْ...

Müßte ich's nochmals tun

Müßte ich's nochmals tun, ich würde wählen, was ich wählte: die Rosen der Hecke.
Ich ginge nochmals die Wege, die nach Córdoba führen oder auch nicht.
Ich hinge meinen Schatten an zwei Felsen, wo die irrenden Vögel auf dem Ast meines Schattens ein Nest bauen würden.
Und ich zerbräche meinen Schatten, um den Duft der Mandelbäume zu folgen, der über einer staubigen Wolken hängt.
Und ich mühte mich ab an den Hängen: Kommt zu mir, hört mich an. Eßt von meinem Brot,
Trinkt von meinem Wein, doch laßt mich nicht wie eine müde Weide allein auf der Straße des Lebens.
Ich liebe die Länder, die der Gesang des Aufbruchs noch nicht betreten hat und die noch keinem Blut und keiner Frau gehorchten.
Ich liebe die Frauen, die den Selbstmord der Pferde auf einer Schwelle in den Begierden verbergen.
Ich kehrte zurück, wär's mir vergönnt, zu meiner selben Rose und zu meinem selben Schritt zurückzukehren,
Doch nach Córdoba kehrte ich nie zurück ...

على هذِهِ الأَرْضِ

على هذِهِ الأَرْضِ ما يسْتَحقُّ الحَياةْ:
تَرَدُّدُ إبريلَ، رائحَةُ الخُبْزِ في الفجْرِ، آراءُ امْرأَةٍ في الرِّجالِ، كتاباتُ أَسْخيليوس، أَوَّلُ الحُبِّ، عشبٌ على حجرٍ، أُمَّهاتٌ يَقِفْنَ على خيْطِ ناي، وخوفُ الغُزَاةِ من الذِّكرياتْ.

على هذِهِ الأَرْضِ ما يسْتَحقُّ الحَياةْ:
نِهايةُ أَيلولَ، سيِّدَةٌ تدْخُلُ الأَرْبعين بكامِلِ مِشْمِشها، ساعةُ الشَّمْسِ في السَّجْنِ، غيمٌ يُقلِّد سِرْباً من الكائِناتِ، هُتافاتُ شعبٍ لِمَن يَصْعدونَ إلى حَتْفِهِم باسِمينَ، وخوفُ الطُّغاةِ من الأُغنْيات.

على هذِهِ الأَرْضِ ما يسْتَحقُّ الحَياةْ:
على هذِهِ الأَرْضِ سَيِّدةُ الأَرْضِ، أُمُّ البداياتِ أُمُّ النَّهاياتِ. كانت تُسَمَّى فِلِسْطِين. صارت تُسَمَّى فلسطين. سَيِّدتي: أَستَحِقُّ، لأَنَّكِ سَيِّدتي، أَسْتَحِقُّ الحياةْ.

Auf dieser Erde

Auf dieser Erde ist etwas, das zu leben verdient:
die Aprilungewißheit, der Geruch des Brotes im Morgengrauen, die Ansichten einer Frau zu den Männern, die Schriften des Aischylos, die Anfänge der Liebe, das Gras auf den Steinen, die auf leisem Flötenton stehenden Mütter und die Angst der Eroberer vor den Erinnerungen.

Auf diese Erde ist etwas, das zu leben verdient:
das Septemberende, eine Dame, die mit all ihren Aprikosen die Vierzig überschreitet, die Stunde Sonne im Kerker, eine Wolke, die ein Wesen nachahmt, der Beifall eines Volks, der die begleitet, die lächelnd in ihren Tod gehen, und die Angst des Tyrannen vor den Liedern.

Auf der Erde ist etwas, das zu leben verdient:
Auf dieser Erde ist die Herrin der Erde, Mutter des Anfangs, Mutter des Endes. Sie hieß Palästina. Dann nannte man sie Palästina. Meine Herrin: ich verdiene, da du meine Herrin bist, ich verdiene zu leben.

أنا مِنْ هُنَاك

أَنا مِنْ هنَاكَ. ولِي ذِكَرياتٌ. وُلِدْتُ كَما يولَدُ النَّاسُ. لي والِدهْ
وبيتٌ كَثيرُ النَّوافِذِ. لي إِخْوَةٌ. أَصْدقاءُ. وسِجْنٌ بنافذةٍ بارِدَهْ.
ولي مَوْجَةٌ خَطَفَتْها النَّوارِسُ. لي مَشْهَدي الخاصُّ .لي عُشْبَةٌ زائدهْ
ولي قمرٌ في أقاصي الكلامِ، ورِزْقُ الطُّيورِ، وزَيتونَةٌ خالِدهْ.
مَرَرْتُ على الأَرضِ قبلَ مُرور السُّيوفِ على جَسَدٍ حَوَّلوه إلى مائدهْ.
أَنا من هناكَ. أُعِيدُ السَّماءَ إلى أُمَّها حِينَ تبْكي السَّماءُ على أُمَّها،
وأَبْكي لتعرفَني غيمةٌ عائِدَهْ.
تعلَّمْتُ كلَّ كلامٍ يلِيقُ بمَحْكَمَةِ الدَّمِ كَي أَكْسِر القاعِدَهْ.
تعلَّمتُ كلَّ الكلامِ ، وفكَّكْتُهُ كي أُرَكِّبَ مُفرَدَةً واحِدَهْ
هي: الوَطَنُ...

Ich bin von dort

Ich bin von dort. Und ich hab' Erinnerungen. Ich bin geboren, wie die Leute so geboren werden. Ich habe eine Mutter
Und ein Haus mit vielen Fenstern. Ich habe Brüder. Freunde. Und einen Kerker mit einer kalten Fensterluke.
Und ich habe eine Welle, von den Möwen geraubt. Ich hab meine eigene Umgebung. Ich hab einen Grashalm mehr
Und einen Mond am äußersten Rand des Wortes, die Nahrung der Vögel und einen unsterblichen Ölbaum.
Ich bin zur Erde gekommen, bevor die Schwerter über einen Körper kamen und ihn zum Gastmahl machten.
Ich bin von dort. Ich gebe den Himmel seiner Mutter zurück, wenn er um seine Mutter weint,
Und ich weine, damit die zurückkehrende Wolke mich wiedererkennt.
Ich habe, um die Regel zu brechen, jedes Wort gelernt, das geeignet ist für das Blutgericht.
Ich habe die ganze Sprache gelernt und ich habe sie zerlegt, um ein einziges Wort zu formen,
Das lautet: Heimat

عَناوِينُ لِلرَّوحِ خارِجِ هَذا المَكانِ

عَنَاوِينٌ لِلرَّوحِ خارِج هَذا المَكانِ . أُحِبُّ السَّفَرْ
إلى قريةٍ لم تُعَلّقْ مَسائِي الأخيرَ على سروها. وأُحب الشَّجَرْ
على سَطْحِ بيتٍ رآنا نُعَذّبُ عُصْفورَتَين؟ رآنا نُرَبِّي الحَصَى
أما كانَ في وسْعِنا أن نُرَبِّيَ أيَّامنا
لِتَنْمو على مَهلٍ في اتِّجاهِ النَّبات؟ أُحب سُقوطَ المَطَر
على سَيِّداتِ المُروجِ البعيدةِ. ماءٌ يُضيءُ. ورائحةٌ صَلْبَةٌ كالحَجَرْ
أما كان في وسعنا أن نُغافِلَ أعْمارَنا،
وأن نَتَطَلّعَ أكْثَرَ نَحْوَ السَّماءِ الأخيرَةِ قبلَ أُفولِ القَمَرْ؟
عناوينُ للرُّوحِ خارجَ هذا المكانِ. أُحب الرَّحيلْ
إلى أيِّ رِيحٍ... ولَكِنَّني لا أُحب الوُصولْ.

Plätze für die Seele außerhalb dieses Ortes

Plätze für die Seele außerhalb dieses Ortes. Ich liebe es, aufzubrechen
Zu einem Dorf, das meinen letzten Abend nicht auf seine Zypressen gehängt hat. Und ich liebe die Bäume
Auf dem Dach eines Hauses, die uns zwei Spatzen haben schänden sehen, die uns die Kiesel haben aufziehen sehen.
Könnten wir nicht unsere Tage aufziehen,
Damit sie langsam zu den Pflanzen wachsen? Ich liebe den Regen, der fällt
Auf die Herrinnen der fernen Weiden. Wasser, das leuchtet Und Duft, fest wie Stein.
Könnten wir nicht unser Alter beiseitelassen
Und mehr den letzten Himmel betrachten, bevor der Mond versinkt?
Plätze für die Seele außerhalb dieses Ortes. Ich liebe es, zu reisen
In alle Winde ... doch anzukommen liebe ich nicht.

تَضيقُ بَنا الأَرْضُ

تَضيقُ بَنا الأَرْضُ. تَحْشُرُنا في المَمَرِّ الأَخيرِ، فنخْلعُ أَعْضاءنا كَي نَمُرَّ وتعْصرُنا الأَرضُ. يا لَيْتَنا قَمْحُها كي نَمُوتَ ونَحيا. ويا لَيتَها أُمُّنا لِتَرْحَمَنا أُمُّنا. لَيتَنا صُوَرٌ للصُّخورِ التِي سَوْفَ يَحْمِلُها حُلْمُنا مَرايا. رأَيْنا وُجُوهَ الذينَ سَيَقْتُلُهُمْ في الدِّفاعِ الأَخيرِ عنِ الرُّوحِ آخِرُنا بَكَيْنا على عِيدِ أَطْفَالِهم. ورأَينا وجوه الذين سَيَرْمونَ أَطفالَنا من نَوافِذِ هذا الفَضاءِ الأَخيرِ. مرايا سَيَصقُلُها نَجْمُنا.

إلى أَينَ نذهبُ بعدَ الحُدود الأَخيرةِ؟ أَين تَطيرُ العَصافيرُ بعدَ السَّماءِ الأَخيرةِ؟ أَين تَنامُ النَّباتاتُ بعد الهَواءِ الأَخيرِ؟ سَنَكتبُ أَسماءَنا بِالبُخارِ المُلوَّنِ بالقُرْمُزيِّ. سنقطعُ كَفَّ النَّشيدِ لِيُكْمِلَهُ لَحْمُنا هنا سَنَمُوتُ. هنا في المَمَرِّ الأَخيرِ. هنا أَو هنا سَوفَ يَغرِسُ زَيتونَهُ..دَمُنا.

Die Erde faßt uns nicht mehr

Die Erde faßt uns nicht mehr. Sie pfercht uns in den
letzten Durchgang, wir reißen uns die Glieder ab, um
hindurchzukommen.
Und die Erde preßt uns aus. Ach, wären wir doch ihr
Getreide, um zu sterben und wieder zu leben. Wäre sie
doch unsere Mutter,
Um sich unser zu erbarmen. Wären wir doch Bilder von
Felsen, die unser Traum tragen würde
Wie Spiegel. Wir haben die Gesichter derer gesehen, die
der letzte von uns beim letzten Verteidigen der Seele
töten wird.
Wir haben um das Fest ihrer Kinder geweint. Und wir
haben die Gesichter derer gesehen, die unsre Kinder
Aus den Fenstern dieses letzten Weltalls werfen werden.
Spiegel, die unser Stern polieren wird.
Wohin sollen wir geh'n nach den letzten Grenzen?
Wohin sollen die Vögel fliegen nach dem letzten
Himmel? Wo sollen die Pflanzen schlafen nach der
letzten Luft? Wir werden unsere Namen schreiben
Mit purpurgetöntem Dampf. Wir werden dem Gesang
die Hand abhacken, damit unser Fleisch ihn vollende.
Hier werden wir sterben. Hier im letzten Durchgang.
Hier oder hier wird unser Blut seine Ölbäume
pflanzen ...

نَسيرُ إلى بَلَدٍ

نَسيرُ إلى بَلَدٍ لَيسَ من لَحْمِنا. ليس من عَظْمِنا شَجَرُ الكسْتَنَا
ولَيسَتْ حِجارتُهُ ماعِزاً في نَشيدِ الجِبالِ. وليسَت عُيونُ الحَصَى
سَوْسَنا

نسيرُ إلى بلدٍ لا يُعَلِّقُ شَمساً خُصوصيَّةً فوقَنا
تُصَفِّقُ من أجلنَا سَيِّداتُ الأَساطير: بَحْرٌ علَينا وبَحْرٌ لَنَا
إذا انْقَطَعَ القَمْحُ والَماءُ عَنْكُمْ، كُلوا حُبَّنا واشْرَبوا دَمْعَنا
مَناديلُ سَوْداءُ للشُّعَراءِ. وَصَفٌّ تَمَاثيلَ من مَرْمَر سَوفَ تُرْفَعُ أَصْواتُنا
وجُرْنٌ لِيَحْميَ أَرْواحَنا من غُبارِ الزَّمانِ.وَوَرْدٌ علينا، وَوَرْدٌ لَنا
لَكُمْ مَجْدُكُم وَلَنا مَجدُنا. آهِ من بلدٍ لا نرى منهُ إلاَّ الذي لا يُرَى:
سِرُّنا لَنا المَجْدُ: عَرْشٌ على أَرجُلٍ قَطَّعَتْها الدُّروبُ التي أَوصَلَتْنا إلى
كل بيتٍ سِوَى بَيتِنا!
على الرُّوح أَن تَجِدَ الروح في رُوحِها، أَو تَمُوتَ هنا...

Wir gehen in ein Land

Wir gehen in ein Land, das nicht von unserem Fleische
ist. Seine Kastanienbäume sind nicht aus unseren
Knochen.
Und seine Steine sind keine Ziegen im Gesang der
Gebirge. Und die Augen der Kiesel sind keine
Schwertlilien dort.
Wir gehen in ein Land, das uns keine eigene Sonne
aufhängt.
Die Damen aus den Legenden spenden uns Beifall:
widriges Meer, günstiges Meer.
Sollten Getreide und Wasser euch fehlen, so eßt unsre
Liebe und trinkt unsre Tränen.
Den Dichtern schwarze Taschentücher. Und unsre
Stimmen werden aufrecht dastehen wie eine Reihe von
Alabasterstatuen,
Und ein Kelch, um unsre Seelen vor dem Staub der Zeit
zu schützen. Widrige Rosen, günstige Rosen.
Ihr habt eure Herrlichkeiten, wir haben die unsern. Ach
dieses Land, von dem wir nur sehen, was nicht zu sehn
ist: unser Geheimnis.
Ruhm uns: ein Thron auf Füßen, die rissig wurden durch
die Wege, die uns zu jedem Hause führten außer zu
unsrem eigenen!
Die Seele soll in ihrer Seele die Seele finden oder hier
sterben ...

نُسافِرُ كَالنَّاس

نُسافِرُ كَالنَّاس، لَكِنَّنا لا نَعودُ إلى أيِّ شَيْء... كأَنَّ السَّفَرْ
طريقُ الغُيومِ. دَفَنَّا أَحبَّتَنا في ظِلالِ الغُيومِ وبَيْنَ جُذوعِ الشَّجَرْ
وقلنا لزَوْجاتنا: لِدْنَ مِنَّا مِئَات السِّنين لنُكملَ هذا الرَّحيلْ
إلى ساعةٍ من بلادٍ، ومِتْرٍ من المُستحيل.
نسافرُ في عَرَبَات المَزَامير، نَرْقُدُ في خَيمةِ الأَنْبياءِ، ونَخْرُجُ من
كَلِماتِ الغَجَرْ.
نَقيسُ الفَضاءَ بِمِنْقارِ هُدْهُدَةٍ، أَو نُغَنِّي لِنُلْهِي المَسافةَ عَنَّا،
ونَغْسِلُ ضَوْءَ القَمَرْ
طويلٌ طريقُكَ فاحْلُم بسَبَعِ نساءٍ لتحمِلَ هذا الطريقَ الطويلْ
على كَتفيكَ. وهُزَّ لَهُنَّ النَّخيلَ لتعْرِف أَسْماءهُنَّ ومن أَيِّ أُمٍّ سَيولَد
طِفلُ الجَليلْ.
لَنا بلدٌ من كلام. تكَلَّمْ تكَلَّمْ لأُسْنِدَ دَرْبي على حجرٍ من حجرْ
لَنا بلدٌ من كلام. تكَلَّمْ تكَلَّمْ لنَعرفَ حَدّاً لِهذا السَّفَرْ!

Wir reisen wie alle Menschen

Wir reisen wie alle Menschen, doch wir kehren zu nichts zurück ... Als wäre das Reisen
Der Weg der Wolken. Wir haben unsere Lieben in den Schatten der Wolken und zwischen den Stämmen der Bäume begraben,
Und wir haben zu unseren Frauen gesagt: Gebärt mit unserem Samen für Hunderte von Jahren, damit wir dieses Umherziehn vollenden können
Zur Stunde eines Landes und einem Meter der Unmöglichkeit.
Wir reisen auf den Wagen der Psalmen, schlafen im Zelt der Propheten und treten aus den Wörtern der Zigeuner hervor.
Wir messen das Weltall mit einem Wiedehopfschnabel oder singen, um die Distanz zu verkürzen, und wir waschen das Licht des Mondes.
Lang ist dein Weg, drum träume von sieben Frauen, um diesen langen Weg zu tragen
Auf deinen Schultern. Und schüttle für sie die Palmen, um ihre Namen zu erfahren und welche Mutter das Kind Galiläas gebären wird.
Wir haben ein Land aus Worten. Sprich, sprich, damit ich meinen Weg mit steinernen Steinen stütze.
Wir haben ein Land aus Worten. Sprich, sprich, damit wir vom Ende dieser Reise erfahren!

مَطارُ أثينا

مَطار أثينا يُوَزِّعُنا للْمطاراتِ. قال المُقاتِلَ: أَينَ أُقاتِلُ؟ صَاحَتْ بِهِ حامِلٌ: أَين أُهْديكَ طِفْلَكَ؟ قالَ المَوَظَّفُ:أَين أُوَظِّفُ مَالي؟ فَقالَ المُثَقَّفُ: مالي ومالكَ؟ قالَ رِجَالُ الجَمارِكِ: من أَين جِئْتَم؟ أَجَبنا:من البَحْرِ. قالوا: إلى أَينَ تَمْضون؟ قُلنا: إلى البحرِ. قالوا: وأَين عَناوِينُكم؟ قالَتِ امْرأَةٌ من جَمَاعَتِنا: بُقْجَتي قَريَتي. في مطارِ أثينا انْتَظَرْنا سِنينا. تَزَوَّجَ شابٌّ فَتَاةً و لم يَجِدا غرفةً لِلزَّواجِ السَّرِيعِ تَسَاءلَ:أَين أَفُضُّ بَكارَتَها؟ فَضَحِكنا وقلنا لَهُ :يا فَتَى، لا مكانَ لِهذا السُّؤالِ: وقال المُحلِّل فينا: يَموتونَ من أَجل ألاّ يَموتوا. يَموتون سَهواً. وقال الأَديبُ: مُخَيَّمُنا ساقِطٌ لا مَحالة. ماذا يريدون منا؟ وكانَ مطارُ أثينا يُغَيِّرُ سُكَّانَهُ كلَّ يومٍ. ونحن بَقَينا مَقاعِدَ فَوقَ المَقاعِدِ نَنْتَظِرُ البحرَ، كَمْ سنَةً يا مطارَ أثينا!...

Der Athener Flughafen

Der Athener Flughafen verteilt uns auf die Flughäfen. Der Kämpfer sagte: Wo soll ich kämpfen? Eine Schwangere schrie ihn an: Wo soll ich dir dein Kind gebären? Der Beamte sagte: Wo soll ich mein Geld investieren? Da sagte der Intellektuelle: Was hab´ ich mit deinem Geld zu schaffen? Die Zöllner sagten: Wo kommen Sie her? Wir entgegneten: Aus dem Meer. Sie sagten: Wo wollen Sie hin? Wir entgegneten: Ins Meer. Sie fragten: Und Ihre Adressen? Eine Frau aus unserer Gruppe entgegnete: Mein Bündel ist mein Dorf. Im Athener Flughafen haben wir Jahre gewartet. Ein junger Mann hat ein Mädchen zur Frau genommen, und sie haben kein Zimmer gefunden, um die Ehe rasch zu vollziehen. Er fragte sich: Wo soll ich sie nur entjungfern? Wir lachten und sagten zu ihm: Junge, die Frage ist hier unangebracht. Der Analytiker unter uns sagte: Sie sterben, um nicht zu sterben. Sie sterben aus Versehen. Und der Schriftsteller sagte: Unser Lager wird sicher fallen. Was wollen sie von uns? Und täglich wechselte der Athener Flughafen seine Bewohner. Und wir, wir sind dageblieben wie Bänke auf Bänken und haben aufs Meer gewartet, wieviele Jahre, oh Flughafen von Athen! ...

أقولُ كَلاماً كَثيراً

أَقولُ كَلاماً كَثيراً عن الفارقِ الهَشّ بين النَّساءِ وبين الشَّجَرْ
وعن فِتْنَة الأَرضِ. عن بلدٍ لم أَجدْ خَتْمَهُ في جَوازِ السَّفَرْ
وأَسأَلُ: يا سَيّداتي، ويا سَاداتي الطَّيِّبينَ: أَأَرضُ البَشَرْ لِجميعِ البَشَرْ
كما تَدَّعُون؟ إذاً، أين كُوخِي الصَّغيرُ وأَينَ أنا؟ فَتُصَفِّقُ لي قاعَةُ
المُؤتَمَرْ
ثلاثَ دقائقَ أُخْرى، ثلاثَ دقائقَ حُرِّيَّةً واعْتِرافاً...فقد وافَق المُؤتمرْ
على حَقّنا في الرُّجوعِ، كَكل الدَّجاجِ، وكل الخُيولِ، إلى حُلُم من
حَجَر.
أُصافِحهمْ واحِداً واحِداً، ثُمَّ أُحْني لهم قامَتِي...وأُواصِلُ هذا السَّفَرْ
إلى بلد آخرَ، كَي أَقولَ كَلاماً عن الفَرقِ بين السَّرابِ وبينِ المطرْ
وأَسأَلُ: يا سَيّداتي، ويا سادَتِي الطَّيِّبينَ: أَأَرضُ البَشَر
لِكلِّ البَشَرْ؟

Ich rede und rede

Ich rede und rede über den winzigen Unterschied
zwischen Frauen und Bäumen
Und über die Faszination der Erde, über ein Land,
dessen Stempel ich nicht im Paß gesehen habe.
Und ich frage: Meine lieben Damen, meine werten
Herren, ist die Erde der Menschen für alle Menschen
da,
Wie sie behaupten? Wo ist dann meine kleine Hütte, und
wo bin ich? Der Kongreßsaal klatschte mir Beifall
Drei weitere Minuten, drei Minuten Freiheit und
Anerkennung ... der Kongreß hat unser Recht bestätigt,
Wie alle Hühnchen und alle Pferde in einen Traum aus
Steinen zurückzukehren.
Ich schüttle ihnen reihum die Hand, dann buckle ich vor
ihnen ... und setze die Reise fort
In ein anderes Land, in dem ich über den Unterschied
zwischen der Fata Morgana und dem Regen sprechen
werde.
Und ich frage: Meine lieben Damen, meine werten
Herren, ist die Erde der Menschen
Für alle Menschen da?

يَحِقٌّ لَنا أَن نُحِبَّ الخَريف

ونحن، يَحِق لنا أن نُحِبَّ نِهاياتِ هذا الخَريف، وأَنْ نَسأَلَهْ:
أَفي الحَقْلِ مُتَّسَعٌ لخريفٍ جديدٍ، ونحن نُمَدِّدُ أَجْسادَنا فيهِ فَحْما؟
خريفٌ يُنَكِّسُ أَوْرَاقَهُ ذَهَباً. لَيْتَنَا وَرَقُ التِّين، يا لَيْتَنا عُشْبَةٌ مُهْمَلَهْ
لَنَشْهَدَ ما الفَرْقُ بين الفُصول. ويا لَيْتَنا لم نُوَدِّعْ جَنوبَ العُيونِ
لِنَسْأَل عَمَّا
تَساءَل آباؤُنا حين طاروا على قِمَّةِ الرُّمْحِ. يرحَمُنا الشِّعْرُ والبَسْملهْ
ونحن يَحِقُّ لنا أَن نُجَفِّف ليلَ النِّساءِ الجَميلات، أَن نَتَحَدَّثَ عَمَّا
يُقَصِّرُ ليلَ غَريبَيْنِ يَنْتَظِرَانِ وصولَ الشَّمالَ إلى البَوصَلَهْ
خريفٌ. ونحن يحق لنا أَن نَشُمَّ رَوائحَ هذا الخريف،
وأَن نسأَلَ اللَّيْلَ حُلْما
أَيَمْرَضُ حُلْمٌ كما يَمْرَضُ الحَالِمون؟ خريفٌ خريفٌ.
أَيولَدُ شَعْبٌ على مِقْصلهْ.
يحقُّ لنا أَن نَمُوتَ كما نَشْتَهي أَن نَمُوت، لِتختَبِئَ الأَرضُ في سُنْبُلَهْ.

Wir dürfen den Herbst lieben

Und wir, wir dürfen den Spätherbst lieben und ihn fragen:
Ist auf dem Feld noch Platz für einen neuen Herbst, wenn wir dort unsre Leiber wie Kohle ausbreiten?
Herbst, der seine Blätter sinken lässt wie Gold. Ach, wären wir wie Feigenbaumblätter, wären wir ein liegengelassener Grashalm,
Um den Unterschied zwischen den Jahreszeiten zu erleben. Und hätten wir doch nicht vom Süden der Augen Abschied genommen, um nach dem zu fragen,
Wonach unsre Väter fragten, als sie an der Spitze der Lanze flogen. Die Poesie und die Gebete werden sich unsrer erbarmen.
Und wir, wir dürfen die Nacht des Schönen tilgen, darüber sprechen, was die Nacht
Zweier Fremder verkürzen kann, die die Ankunft des Nordens auf dem Kompaß erwarten.
Herbst. Und wir, wir dürfen die Düfte dieses Herbstes riechen und fragen, ob die Nacht uns einen Traum gewährt.
Kann ein Traum erkranken, so wie die Träumenden es können? Herbst, Herbst. Kann ein Volk auf der Guillotine geboren werden?
Wir dürfen sterben, wie wir wollen, damit sich die Erde in einer Ähre verstecken kann.

القِطارُ الأَخيرُ توَقَّف

القِطارُ الأَخيرُ تَوَقَّف عِند الرَّصيفِ الأَخيرِ. وما من أَحَدْ
يُنْقِذُ الوَرْدَ. ما من حَمام يَحُطُّ على امْرَأة من كَلامْ
وانتَهىَ الوقتُ. لا تَستطِيعُ القَصيدَةُ أَكْثَرَ مِمّا اسْتَطاعَ الزَّبَدْ.
لا تُصدَّقْ قِطاراتِنا-أَيُّها الحُبُّ-لا تَنْتَظِرْ أَحَداً في الزَّحام.
أَلقطارُ الأَخيرُ توقَّفَ عند الرَّصيفَ الأَخيرِ. وما من أَحَدْ
يستطيعُ الرُّجوعَ إلى ما تراجعَ من نَرْجِسٍ في مَرايا الظَّلاَمْ.
أَينَ أَتْرُكُ وَصْفي الأخيرَ لِما حلَّ بي من جَسَد؟
وانتهى ما انتهى. أَينَ ما انتهىَ؟ أين أُفْرِغُ ما حلَّ بي من بلدْ؟
لا تُصَدَّقْ قطارَاتِنا- أَيُّها الحُبُّ- طارَ الحَمامُ الأَخيرُ وطارَ الحَمامْ
والقطارُ الأَخيرُ تَوَقَّفَ عند الرَّصيفِ الأَخيرِ ... وما من أَحَدْ.

Der letzte Zug hat angehalten

Der letzte Zug hat auf dem letzten Bahnsteig angehalten.
  Und niemand,
Um die Rosen zu retten. Keine Tauben, um sich auf eine
  Frau aus Worten zu setzen.
Und die Zeit ist um. Das Gedicht vermag kaum mehr als
  das, was der Schaum vermocht hat.
Glaub' unseren Zügen nicht, oh Liebe, warte auf
  niemanden im Gedränge.
Der letzte Zug hat auf dem Bahnsteig angehalten; und
  niemand
Vermag zu den in Spiegeln des Dunkels verschanzten
  Narzissen zurückkehren.
Wo soll ich meine letzte Beschreibung dessen lassen, was
  mir als Körper widerfahren ist?
Und zu Ende ist, was zu Ende ist. Wo ist, was zu Ende
  ist? Wohin soll ich entleeren, was mir als Land
  widerfahren ist?
Glaub' unseren Zügen nicht, oh Liebe, die letzten
  Tauben sind fortgeflogen, fortgeflogen,
Und der letzte Zug hat auf dem letzten Bahnsteig
  angehalten ... und niemand.

علىَ السَّفْحِ، أَعلَى من البحْرِ، نامُوا

علىَ السَّفْحِ، أَعلَى من البحْرِ، أَعلى من السَّرْوِ، نامُوا
لَقَد أَفرَغَتْهُم سَمَاءُ الحَديدِ من الذّكْرَياتِ.وطَارَ الحَمامُ
إلى جِهةٍ حَدَّدَتْها أَصابعُهُمْ شَرْقَ أَشْلاَئِهم.
أَما كانَ من حقّهم أن يَرُشُّوا على قَمَر المَاءِ رِيْحانَ أَسْمائِهمْ
وأن يَزْرَعُوا فِي الخَنادِقِ نَارنْجَةً كَي يَقِلَّ الظَّلامُ؟

يَنامُونَ أَبْعدَ مِمَّا يَضيقُ المَدىَ فَوْقَ سَفْحٍ تَحَجَّرَ فيهِ الكلامُ
ينامونَ فِي حَجَرٍ صُكَّ من عَظْمِ عَنْقَائِهمْ...
وفينا من القَلْبِ ما يَستَطِيعُ الوصولَ قريباً إلى عِيدِ أَشيائِهم
وفِينا من القَلْبِ ما يَسْتَطيعُ انْتِشال الفَضَاءِ لِيَرْجِعَ هذا الحمامُ
إلى أَوَّلِ الأَرْضِ. يا أَيُّها النَّائمونَ على آخرِ الأَرضِ فينا،
سلامٌ عليكم... سلامُ.

Auf dem Hang über dem Meer sind sie eingeschlafen

Auf dem Hang über dem Meer und über den Zypressen sind sie eingeschlafen.
Der eherne Himmel hat die Erinnerungen entleert, und die Tauben sind fortgeflogen
In eine Richtung, in die ihre Finger wiesen östlich ihrer Überreste.
Hatten sie nicht das Recht, die Spiegelung des Mondes im Wasser mit dem Basilienkraut ihrer Namen zu besprengen
Und einen Pomeranzenbaum in die Schützengräben zu pflanzen, damit sie Dunkelheit abnahm?

Sie schlafen jenseits des verengten Horizontes auf dem Hang, wo das Wort zu Stein geworden ist.
Sie schlafen in einem Stein, geformt aus den Gebeinen ihres Phoenix ...
Und wir haben das Herz, das es braucht, um bald zum Fest ihrer Dinge zu kommen.
Und wir haben das Herz, das es braucht, um das Weltall aufzuheben, damit die Tauben zurückkehren können
Zum Anfang der Erde. Oh ihr, die ihr schlaft in uns an den äußersten Grenzen der Erde, Friede mit euch ... Friede.

يُعَانِقُ قاتِلَهُ

يُعَانِقُ قاتِلَهُ كَي يَفُوزَ بِرَحمَتَه: هَل سَتَغْضَبُ مِنِّي كثيراً إذا ما نَجَوتُ؟ أَخي... يا أَخي! ما صَنَعْتُ لِتَغْتالَني؟... فَوقَنا طائرانِ فصوَّبْ إلى فَوقْ! أَطِلْقْ جَحيمَكَ أبعَدَ منِّي... تعالَ إلى كُوخِ أُمَّي لِتَطْبَخَ من أَجْلِكَ الفُول. ماذا تقولُ؟ وماذا تقولُ؟ مَلَلْتَ عِناقي ورائحَتي. هل تَعِبْتَ من الخَوفِ فيَّ؟ إذَنْ، إرْمِ هذا المُسَدَّسَ في النَّهْرِ! ماذا تقولُ...عَدُوٌّ على ضِفَّةِ النَّهرِ صَوَّبَ رَشَّاشَهُ في اتِّجاهِ العِناقِ؟ إذَنْ أُطْلِقِ النَّارَ نَحوَ العَدَوِّ لِنَنْجُو معاً من رَصاصِ العَدُوِّ، وتَنجو من الإِثْمِ. ماذا تقول؟ سَتَقْتُلُني كي يَعُودَ العَدُوُّ إلى بيتِهِ / بيتِنا وتَعودَ إلى لُعْبَةِ الكَهفِ، ماذا صنعْتَ بقَهوةِ أُمَّي وأُمَّكَ؟ ماذا جَنَيتُ لِتَغْتالني يا أخي. لَن أَحُلَّ وِثاقَ العِناقِ
لن أَتْرُكَكَ!

Er umarmt seinen Mörder

Er umarmt seinen Mörder, um ihn milde zu stimmen: Wärst du sehr böse auf mich, wenn ich überlebe? Bruder ... oh mein Bruder! Was hab' ich getan, daß du mich ermordest? ... Über uns sind zwei Vögel, also ziele nach oben! Spucke deine Hölle weit fort von mir ... Komm in die Hütte meiner Mutter, damit sie dir Puffbohnen kocht. Was sagst du? Was sagst du? Erträgst du meine Umarmung nicht mehr noch meinen Geruch? Bist du der Angst in mir müde geworden? Dann schleudere diesen Revolver in den Fluß! Was sagst du? ... Ein Feind hat am Ufer des Flusses sein Maschinengewehr auf unsre Umarmung gerichtet? Dann schieß auf den Feind, laß uns beide seinen Kugeln entrinnen, und du, entrinne der Sünde. Was sagst du? Wirst du mich töten, damit der Feind in sein Haus / unser Haus zurückkehrt und du zum Höhlenspiel? Was hast du mit dem Kaffee meiner und deiner Mutter gemacht? Was hab ich verbrochen, daß du mich ermordest, oh Bruder? Ich werde die Umarmung nicht lockern. Ich laß dich nicht los.

تُخالِفُنا الرِّيحُ

تُخالِفُنا الرِّيحُ، رِيحُ الجَنوب تُحالِفُ أعدَاءنَا. والمَمرُّ
يَضيقُ. فَنَرْفَعُ شاراتِ نَصْرٍ أَمامَ الظَّلامِ، لَعَلَّ الظَّلامَ يُضيءُ... ونَسْرو
على شجرِ الحُلْمِ. يا آخِرَ الأَرضِ- يا حُلْمَنا الصَّعْبَ! هل تَسْتَمِرُّ؟
ونكتبُ في المَرَّةِ الأَلفِ فَوقَ الهَوَاءِ الأَخيرِ: نَموتُ، و لَكِنَّهُم لن يَمُرُّوا
ونَتْبَعُ أصْواتَنا كَي نَرى قَمَراً بينها، ونُغَنّي ليَحْفُلَ صَخْرُ
ونَحْفُرُ أَجْسادَنا بالحَديد... ونَحفرُها بالحديد... ليبْزُغَ نَهْرُ
تُخالِفُنا الرِّيحُ، ريحُ الشمالِ تحالفُ ريحَ الجنوبِ ونَصْرخُ: أَينَ المَفَرُّ؟
ونَطْلُبُ من سيِّداتِ الخُرافاتِ أَهْلاً يُحبُّوننا مَيِّتين، فَيَسْقُطُ نَسْرُ
علينا. ونَتْبَعُ أَحْلاَمَنا كَي نَراها، وتَتْبَعُنا كَي تَرَانا هُنا. لا مَفَرُّ

ونحن نَواصِلُ ما يُشْبِهُ المَوتَ نَحيا. وهذا الَّذي يُشْبِهُ الموتَ نَصْرُ!

Der Wind weht uns entgegen

Der Wind weht uns entgegen, der Südwind paktiert mit unseren Feinden, und der Durchgang
Verengt sich. Wir halten angesichts des Dunkels Siegeszeichen hoch, mag das Dunkel leuchten ... und wir steigen des Nachts
Auf die Bäume des Traums. Oh Ende der Erde, oh unser schwieriger Traum! Wirst du dauern?
Und wir schreiben zum tausendsten Mal auf den letzten Lufthauch: Wir werden sterben, doch durchkommen werden sie nicht!
Und wir folgen unseren Stimmen, um zwischen ihnen einen Mond zu sehen, und wir singen, damit ein Fels aufschreckt,
Und wir ritzen mit dem Eisen in unsere Körper ... und wir ritzen mit dem Eisen in sie ... damit ein Fluß hervorquillt.
Der Wind weht uns entgegen, der Nordwind paktiert mit dem Südwind, und wir schreien: Wohin sollen wir fliehen?
Und wir bitten die Damen aus den Legenden um Eltern, die uns als Tote lieben. Ein Adler
Stürzt auf uns herab. Und wir folgen unseren Träumen, um sie zu sehen, und sie folgen uns, um uns hier zu sehen. Keine Fluchtmöglichkeit.

Weiterführend, was dem Tode ähnelt, leben wir. Und das, was dem Tode ähnelt, ist Sieg!

صَهيلُ الخُيولِ على السَّفْحِ

صَهيلُ الخُيولِ على السَّفْحِ: إِمَّا الهُبُوطُ وإِمَّا الصُّعُودُ
أُعِدُّ لِسَيِّدَتي صورَتي، علِّقِيها إذا مُتُّ فَوقَ الجِدارْ
تقول: وهل من جدارٍ لَهَا؟ قُلْتُ: نَبْني لها غُرفةً.- أَين... في أَيِّ دارْ؟

صَهيل الخُيولِ على السَّفْحِ: إِمَّا الهُبُوطُ وإِما الصُّعودُ

أَتَحْتاجُ سَيِّدَةٌ في الثلاثينَ أَرْضاً لتجمعَ صورَةَ فارِسِها في إطارْ؟
وهل أَسْتَطِيعُ الوصولَ إلى قِمَّةِ الجَبَل الصَّعْبِ؟ السَّفْحُ هاوِيَةٌ أو حِصارْ
ومُنْتَصَفُ الدَّرْبِ مُفْتَرقٌ... آهِ من رحلةٍ كان يقْتُلُ فيها الشَّهيدَ
الشَّهيدُ!
أُعِدُّ لِسَيِّدَتي صورَتي، مَزِّقي صورَتي حين يَصْهَلُ فيكِ حِصانٌ جديدُ

صَهيلُ الخُيولِ على السَّفْحِ: إِمَّا الصعودُ... وإِما الصُّعودُ

Wiehern auf dem Hang

Wiehern der Pferde auf dem Hang: entweder hinunter
oder hinauf.
Ich mache mein Foto für meine Dame. Wenn ich sterbe,
häng es an die Wand.
Sie sagt: Gibt es denn eine Wand dafür? Ich sage: Wir
werden ein Zimmer für es bauen. - Wo? In welchem
Haus?

Wiehern der Pferde auf dem Hang: entweder hinunter
oder hinauf.

Braucht eine dreißigjährige Dame Erde, um das Foto
ihres Ritters in einem Rahmen aufzubewahren?
Und kann ich den Gipfel des steilen Berges erklimmen,
wo doch der Hang ein Abgrund oder eine Sperre ist
Und die Mitte des Weges eine Kreuzung ... Ach, diese
Reise, auf der der Märtyrer den Märtyrer tötet!
Ich mache mein Foto für meine Dame, zerreiß es, wenn
ein neues Pferd in dir wiehert.

Wiehern der Pferde auf dem Hang: entweder hinunter
oder hinauf

سَيَأتِي بَرابِرةٌ آخَرون

سَيَأتِي بَرَابِرةٌ آخَرون. ستُخْطَفُ إمرَأَةُ الإمْبرَاطُور. سَوفَ تَدُقُّ الطُّبولْ
تُدُقُّ الطُّبولُ لتَعْلو الخُيولُ على جُثَثِ النَّاسِ من بَحْرِ إيجا إلى الدَّرْدَنيلْ
فما شأنُنا نحن؟ ما شأنُ زَوجاتِنا بِسِباقِ الخيولْ؟

ستُخْطَفُ إمرأةُ الإمْبراطور. سوَفَ تدقُّ الطُّبول. ويأتي بَرَابِرةٌ آخَرون
برابرةٌ يَمْلأونَ فَراغَ المدائِن، أعلى قليلاً من البَحرِ، أَقوى من السَّيفِ
وقتَ الجُنونْ
فما شأنُنا نحن؟ ما شأنُ أولادِنا بِسُلالَةِ هذا المُجُونْ؟

وسَوفَ تدقُّ الطُّبول... ويأتي برابرةٌ آخَرون. وتُخْطَفُ إمرأةُ
الإمْبراطور من بيتِهِ
ومن بيتِهِ تَولدُ الحَمْلَةُ العَسْكَرِيَّةُ حتَّى تُعِيدَ عَرُوس الفِراشِ إلى تَخْتِهِ
فما شأنُنا نحن؟ ما شأنُ خَمْسينَ ألفَ قَتيلٍ بِهذا الزَّواجِ السَّريعْ؟

أيولَدُ "هُومير" من بعدِنا...والأَساطِير تَفْتَحُ أبوابَها لِلْجَميعْ؟

Andere Barbaren werden kommen

Andere Barbaren werden kommen. Man wird die
Gemahlin des Kaisers entführen. Die Trommeln
werden wirbeln.
Die Trommeln werden wirbeln, damit die Pferde vom
Ägäischen Meer bis hin zu den Dardanellen über
Leichen laufen können.
Doch was kümmert uns das? Was kümmern unsere
Frauen die Pferderennen?

Man wird die Gemahlin des Kaisers entführen. Die
Trommeln werden wirbeln. Und andere Barbaren
werden kommen.
Barbaren, die die Leere die Städte füllen werden, ein
wenig höher als das Meer, stärker als das Schwert in
der Zeit des Wahnsinns.
Doch was kümmert uns das? Was kümmert unsere
Kinder das Gesindel dieser Wüstlinge?

Und die Trommeln werden wirbeln, und andere
Barbaren werden kommen. Und man wird die
Gemahlin des Kaisers aus seinem Hause entführen.
Und von seinem Haus wird der Feldzug ausgehen, um
die leichtfertige Gattin in sein Bett zurückzuholen.
Doch was kümmert uns das, was kümmert die
fünfzigtausend Toten diese Schnellheirat?

Wird nach uns ein Homer geboren werden ... und
werden die Legenden ihre Türen für alle öffnen?

يُحِبُّونَني مَيِّتاً

يُحِبُّونَني مَيِّتاً لِيَقولوا: لقد كان مِنّا، وكان لَنا.

سَمِعْتُ الخُطَى ذَاتَها. مُنْذُ عِشرينَ عَاماً تدقُّ على حائِطِ اللَّيلِ. تأتي ولا تفتحُ البابَ. لَكِنَّها تَدْخُلُ الآن. يَخْرُجُ منها الثَّلاثَةُ: شاعرٌ، قاتلٌ، قارِئٌ.

ألا تَشْرَبونَ نبيذاً؟ سأَلْتُ. سَنَشْرَبُ. قالوا. مَتى تُطْلِقون الرَّصاصَ عليَّ؟ سأَلْتُ. أَجابوا: تَمَهَّلْ!وصَفُّوا الكؤوسَ ورَاحوا يُغَنُّونَ لِلشَّعبِ. قُلْتُ: متى تَبْدَأُونَ اَغْتيالي؟ فقالوا: إبْتَدأنا...لماذا بَعَثْتَ إلى الرُّوح أَحْذيةً! كَي تَسير على الأَرضِ. قُلْتُ. فقالوا: لماذا كتبتَ القصيدَةَ بَيضاءَ والأَرضُ سَوْدَاءُ جدّاً. أَجَبتُ: لأَنَّ ثلاثينَ بَحْراً تَصُبُّ بِقَلْبِي. فقالوا: لِماذا تحِبُّ النَّبيذَ الفَرَنْسيَّ؟ قُلْتُ: لأَنَّي جَدِيرٌ بأَجْمَل امرأَةٍ. كيفَ تَطْلُبُ مَوتَك؟ أَزرَق مِثل نُجُومٍ تَسيلُ من السَّقْفِ- هل تَطْلُبونَ المَزيدَ من الخَمْرِ؟ قالوا: سَنَشْرَبُ. قُلْتُ:

سأَسأَلُكُم أَن تَكونوا بَطِيئِين، أَن تقْتُلوني رُوَيداً رويداً لأَكْتبَ شعراً أخيراً لِزَوجَةِ قَلْبي. ولَكِنَّهُم يَضحَكونَ ولا يَسْرِقونَ من البيتِ غيرَ الكلامِ الذي سَأَقُولُ لِزَوجَةِ قَلْبي...

Sie lieben mich als Toten

Sie lieben mich als Toten, um sagen zu können: Er war einer von uns, er gehörte zu uns.
Ich habe die gleichen Schritte gehört. Sie klopfen seit zwanzig Jahren an die Mauer der Nacht. Sie kommen und öffnen die Tür nicht. Doch nun gehn sie hinein. Drei treten aus ihnen hervor: ein Dichter, ein Mörder, ein Leser. Wollt ihr Wein trinken? fragte ich. Wir werden trinken, erwiderten sie. Wann werdet ihr auf mich schießen? fragte ich. Nur Geduld! erwiderten sie. Sie stellten die Gläser in eine Reihe und begannen, für das Volk zu singen. Ich fragte: Wann werdet ihr anfangen, mich zu ermorden? Sie sagten: Wir haben schon angefangen ... Warum hast du der Seele Schuhe geschickt? Damit sie auf der Erde laufen kann, sagte ich. Sie sagten: Warum hast du das Gedicht in Weiß geschrieben, wo doch die Erde sehr schwarz ist? Ich erwiderte: Weil dreißig Meere in mein Herz münden. Sie sagten: Warum magst du gern französischen Wein? Ich sagte: Weil ich die schönste Frau verdiene. Wie möchtest du deinen Tod? sagten sie. Blau wie Sterne, die von der Decke rieseln. Wollt ihr noch Wein? Sie sagten: Wir werden trinken. Ich sagte: Ich werde euch bitten, langsam zu machen, mich ganz allmählich zu töten, damit ich der Dame meines Herzens ein letztes Gedicht schreiben kann.
Doch sie lachten und stahlen aus dem Haus nur die Worte, die ich der Dame meines Herzens sagen will ...

عِنْدَما يَذْهَبُ الشُّهَدَاءُ إلى النَّوْم

عِنْدَما يَذْهَبُ الشُّهَدَاءُ إلى النَّوْم أَصْحو، وأَحْرسُهُم من هُوَاةِ الرِّثاءْ
أقولُ لَهُم: تُصْبِحون على وطنٍ من سَحابٍ ومن شجرٍ،
من سرابٍ وماءْ
أُهَنِّئُهُم بالسَّلامَةِ من حادِثِ المُسْتَحيلِ، ومن قِيمةِ المَذْبَحِ الفائِضهْ
وأسْرِقُ وَقْتا لِكَي يَسْرِقوني من الوقتِ. هل كُلُّنا شُهَداء؟
وأهْمسُ: يا أَصْدِقائي اتْرُكوا حائطاً واحِداً، لِحِبالِ الغَسيلِ،
اتركوا ليلةً للْغِناء
أُعَلِّقُ أَسماءكُمْ أين شِئْتُم فناموا قليلاً، وناموا على سُلَّم
الكرمة الحامضَه
لأَحْرُسَ أَحْلامكُم من خَناجرِ حُرَّاسِكم وانْقِلابِ الكتابِ على الأَنْبياء
وكونوا نَشيدَ الذي لا نَشيدَ لهُ عندما تذْهَبونَ إلى النَّومِ هذا المَساء
أقولُ لَكم: تُصبِحونَ على وطنٍ حَمَّلوهُ على فَرَسٍ رَاكِضَهْ.
وأَهْمِسُ: يا أصدقائي لن تُصْبِحوا مِثْلَنا... حَبْلَ مِشْنَقَةٍ غامِضَهْ!

Wenn die Märtyrer schlafen gehen

Wenn die Märtyrer schlafen gehen, wache ich auf und bewache sie vor den Liebhabern der Klagelieder.
Ich sage zu ihnen: Gute Heimat aus Wolken und Bäumen, aus Luftspiegelungen und Wasser.
Ich beglückwünsche sie, dem Unfall des Unmöglichen, dem Mehrwert des Gemetzels entronnen zu sein.
Und ich stehle Zeit, damit sie mich der Zeit stehlen. Sind wir alle Märtyrer?
Und ich flüstere: Oh meine Freunde, laßt eine einzige Wand für die Wäscheleinen, laßt eine Nacht für das Singen.
Ich hänge eure Namen auf, wo immer ihr wollt, doch schlaft ein wenig, schlaft auf der Leiter der sauren Traube,
Damit ich eure Träume vor den Dolchen eurer Wächter und davor schütze, daß DAS BUCH sich gegen die Propheten kehrt.
Und seid die Hymne dessen, der keine Hymne hat, wenn ihr heut abend schlafen geht.
Ich sage zu euch: Gute Heimat, auf ein galoppierendes Pferd gesetzt,
Und ich flüstere: Oh meine Freunde, ihr werdet nicht sein wie wir ... Strick eines rätselhaften Galgens!

هُنالِكَ لَيْلٌ...

هُنالِكَ لَيْلٌ أَشَدُّ سَوَاداً... هناك وَرْدٌ أَقَلُّ
سيَنْقَسِم الدَّرْبُ أكثرَ مِمَّا رأَيْنا، سيَنْشَقُّ سَهْلُ
ويَنْهَدُّ سَفْحٌ علينا، ويَنْقَضُّ جُرْجٌ علينا، ويَنْفَضُّ أَهْلُ
سيَقْتُلُ فينا القَتيلُ القَتيلَ لِيَنْسى عُيونَ القَتيلِ... ويَسْلو
سنَعرِفُ أكثرَ مِمَّا عرفنا، ونَبْلُغُ هاويةً بعد هاويةٍ حِينَ نَعْلو
على فِكرةٍ عَبدَها القَبائِلُ ثُمَّ شَوَتْها على لَحْمِ أَصْحابِها حين قَلُّوا
سنَشْهَدُ فينا أَباطِرةً يحْفِرونَ على القَمْحِ أَسماءَهُم كَي يَدُلُّوا
علينا. أَلم نتَغيَّرْ؟ رِجالٌ على دينِ خِنْجَرِهِم يذبَحُون، ورَمْلٌ ليكْثُر
رملُ
نِساءٌ على دِينِ ما بين أفْخاذِهنَّ وظِلٌّ ليصْغَر ظِلٌّ...

ولكنَّني سأُتابعُ مَجرى النَّشيدِ، ولو أَنَّ وَرْدي أَقلُّ.

Es ist Nacht ...

Es ist schwärzere Nacht ... darin gibt es weniger Rosen,
Der Weg wird sich häufiger teilen, als wir ihn sahen, eine Ebene wir sich auftun.
Und ein Hang wird über uns zusammenstürzen, eine Wunde wird niederfahren auf uns, und Verwandte werden von uns gehen.
Der Getötete in uns wird den Getöteten töten, um die Augen des Getöteten zu vergessen und sich zu trösten.
Wir werden mehr wissen, als wir wußten, und wir werden Abgrund um Abgrund erreichen, sofern wir uns erheben
Über eine Idee, die von den Stämmen angebetet und dann auf dem Fleisch ihrer weniger gewordenen Adepten geröstet wurde.
Wir werden Kaiser unter uns auftauchen sehen, die ihre Namen ins Getreide ritzen werden, um uns
Zu identifizieren. Haben wir uns nicht verändert? Männer, die nach dem Gesetz ihres Dolches schlachten, und Sand, damit der Sand sich vermehrt.
Frauen, handelnd nach dem Gesetz, das zwischen ihren Schenkeln ist, und Schatten, damit der Schatten schrumpft ...

Doch ich werde den Verlauf des Gesanges verfolgen, auch wenn meine Rosen weniger sind.

ذَهَبْنَا إلى عَدَنٍ

ذَهَبْنا إلى عَدَنٍ قَبْلَ أَحْلاَمِنا، فوجدنا القَمَرْ
يُضِيء جَناحَ الغُرابِ. التَفَتْنا إلى البَحْرِ، قُلْنا: لِمن
لِمن يرفعُ البحرُ أجرَاسهُ. أَلِنَسْمَعَ إيقاعنا المُنْتَظَرْ؟

ذهبنا إلى عدنٍ قبل تاريخِنا، فَوَجَدْنا اليَمَنْ
حزيناً على امرئِ القَيسِ، يَمْضَغُ قاتاً، ويَمْحو الصُّوَرْ.
أَما كُنْتَ تُدْرِكُ، يا صاحِبي، أَنَّنا لاحِقانِ بقَيصَرِ هذا الزَّمَنْ؟

ذهبنا إلى جَنَّةِ الفُقَراءِ الفَقيرَةِ، نفتح نافذةً في الحَجَرْ
لقد حاصَرَتْنا القبائلُ، يا صاحبي، ورَمَتْنا المِحَنْ،
ولكنَّنا لم نُقايضْ رغيفَ العَدوَّ بَخُبزِ الشَّجَرْ

أَما زالَ من حَقِّنا أَن نُصدِّقَ أَحلامَنا، ونُكَذِّبَ هذا الوطنْ؟

Wir sind nach Aden gereist

Wir sind vor unsern Träumen nach Aden gereist und
haben den Mond gefunden,
Der den Flügel der Raben bescheint. Wir haben dem
Meer uns zugewandt und gesagt: Für wen,
Für wen hebt das Meer seine Glocken? Geschieht es,
damit wir unsern ersehnten Rhythmus hören?

Wir sind vor unserer Geschichte nach Aden gereist und
haben den Jemen gefunden,
Der traurig ist über Imru-al-Qais,* der Qat kaut und die
Bilder löscht.
Wußtest du nicht, oh Gefährte, daß wir uns dem Cäsar
dieser Zeit anschließen würden?

Wir sind zum verarmten Paradies der Armen gereist,
haben ein Fenster im Stein aufgestoßen,
Denn die Stämme haben uns belagert, oh Gefährte, und
Unglück hat uns heimgesucht.
Doch wir haben das Brot der Bäume nicht gegen die
Fladen des Feindes getauscht.

Haben wir noch das Recht, unsern Träumen zu glauben
und dieser Heimat zu mißtrauen?

* *Arabischer Dichter der vorislamischen Zeit. Im folgenden Vers bezieht sich Darwisch auf seine Gedichte (Anm. d. Übers.).*

وفي الشَّامِ شامٌ

وفي الشَّامِ شامٌ لِكلِّ زمانٍ. ظَلَمْتُكَ حينَ ظلمتَ نُزوحي
إلى طَلْقةِ القلبِ، يومَينِ، يومينِ، يا صاحبي
أمِنْ حَقّي، الآن بعدَ الرُّجوعِ من الحبِّ أن أسألَكْ
لماذا اتَّكأتَ على خِنجَرٍ كي تَراني؟ لماذا رفعْتَ سُفوحي
لتُسقِطَ خيلي عليَّ؟ تَمَنَّيْتُ... إنِّي تمنَّيت أن أحْمِلَكْ
إلى أوَّل الشِّعْرِ، أو آخرِ الأرض، ما أجْمَلَكْ!
وما أجْمَلَ الشَّامَ، ما أجْمَلَ الشَّامَ، لولاَ جُروحي،
فَضَعْ نِصْفَ قلبِكَ في نِصفِ قلبي، يا صاحبي
لِنَصْنَعَ قلباً صحيحاً فسيحاً لها، لي، ولَكْ
ففي الشَّام شامٌ، إذا شِئتَ، في الشَّام مِرآةُ روحي.

Und in Syrien ist ein Syrien

Und in Syrien ist ein Syrien für alle Zeiten. Ich hab dir geschadet, als du meinem Auszug schadetest
In Richtung Schuß des Herzens, zwei Tage, zwei Tage lang, oh mein Gefährte.
Hab ich das Recht, dich jetzt, nach der Rückkehr von der Liebe, zu fragen, warum du dich auf einen Dolch gelehnt hast, um mich zu sehen? Warum du meine Hänge gehoben hast,
Um meine Pferde auf mich fallen zu lassen? Ich wünschte ... ich wünschte wirklich, dich zu tragen
Bis zum Anfang der Poesie oder bis zum Ende der Erde. Wie schön du bist! Und wie schön wäre Syrien, wie schön wäre Syrien, wenn da nicht meine Wunden wären!
So leg die Hälfte deines Herzens zur Hälfte meines Herzens, oh mein Gefährte,
Um ein ganzes, weiträumiges Herz zu schaffen für Syrien, für mich und für dich,
Denn in Syrien ist ein Syrien, wenn du nur willst, in Syrien ist der Spiegel meiner Seele.

بَكَى النَّايُ

بَكَى النَّايُ، لو أَستَطِيعُ ذَهَبْتُ إلى الشَّام مَشياً كأَنِّي الصَّدى
يَنُوحُ الحريرُ على ساحِلٍ، يتعرَّجُ في صَرْخَةٍ لم تَصِلْ أَبَدَا
وتَنْزِلُ فينا المَسافاتُ دمعاً. بَكى النَّايُ. شقَّ السَّماءَ إلى امْرَأتَينِ.
وشقَّ الطَّريق، وشقَّ القَطا فافْتَرقْنا لنَعْشَق. يا نايُ! رِفْقاً
بِنا. نحن لَسْنَا بَعيدينَ حتَّى الغُروبِ. أَتَبْكي لِتَبكي سُدى
أَم لِتَثْقُبَ صَخْرَ الجِبالِ وتُفَّاحَةَ الحبِّ. يا رُمْحَ صَمْتِ المَدَى
حين يَصرُخ: يا شامُ، يا امرأَةً. هل أُحبُّ وأَبْقى؟

بَكى النَّايُ. لو أستطيعُ ذهبتُ إلى الشَّام مشياً كأَنِّي الصَّدى
أُصَدِّقُ ما لا أُصَدِّقُ. يَلْهَثُ فينا حَريرُ الدُّموعِ يَدا
بكى الناي. لو أستطيع البُكاءَ كنايٍ... عرفتُ دِمَشْقا!

Die Flöte hat geweint

Die Flöte hat geweint. Könnte ich, ging' ich zu Fuß nach
Syrien, als wär ich das Echo.
Am Meeresufer klagt die Seide, windet sich in einem
Schrei, der nie ans Ziel gelangt ist.
Und die Entfernungen fallen als Tränen in uns. Die Flöte
hat geweint. Sie hat den Himmel in zwei Frauen
gespalten, sie hat die Straße
Gespalten, das Flughuhn gespalten. Und wir haben uns
getrennt, um uns zu lieben. Oh Flöte, hab Mitleid
Mit uns! Wir sind nicht so weit voneinander entfernt bis
zum Untergehen der Sonne. Weinst du, um vergebens
zu weinen
Oder um den Fels der Berge und den Apfel der Liebe zu
durchbohren? Oh Lanze der Stille des endlosen Raums,
Wenn sie schreit: Oh Syrien, oh Frau, soll ich lieben und
bleiben?

Die Flöte hat geweint. Könnte ich, ging' ich zu Fuß nach
Syrien, als wär ich das Echo.
Ich glaube, was ich nicht glaube. In und hechelt die Seide
der Tränen wie eine Hand.
Die Flöte hat geweint. Könnte ich weinen wie eine
Flöte ...ich würde Damaskus kennen.

أَفي مِثْلِ هَذا النَّشيدِ

أَفي مِثْلِ هَذا النَّشيدِ نوَسَّدُ حُلْماً على صَدْرِ فارِسْ
ونَحمِلُ عنهُ القَميصَ الأَخير، وشارةَ نَصْرٍ، ومِفْتَاحَ آخِرِ بابْ
لنَدْخُل أَوَّلَ بَحْرٍ؟ سلامٌ عليكَ رَفيقَ المَكانِ الذي لا مكانَ لهُ
سلامٌ على قَدَمَيكَ – الرُّعاةُ سيَنْسَونَ آثارَ عينيك فَوقَ التُّرابْ
سلامٌ على ساعِدَيكَ – القطَاةُ ستعْبُرُ ثانيةً من هنا
وسلامٌ على شفتيكَ– الصَّلاةُ ستركعُ في الحَقْلِ. ماذا نقولُ
لِحَمْرَةِ عينيك.
ماذا يقول الغيابْ.
لأُمِّكَ؟ في البِئْرِ نامَ؟ وماذا يقولُ الغُزاةُ؟
انْتصَرنا على غيمةِ الصَّوتِ في شَهْرِ آبْ؟
وماذا تقول الحياةُ لمحمود درويش؟ عِشقْتَ، عرفتَ، وكُلُّ الذينَ
ستعشقُ ماتوا؟
أَفي مِثْلِ هذا النَّشيدِ نوسَّدُ حُلماً ونَحمِلُ شارةَ نصرٍ ومفتاحَ آخِرِ
باب
لنُغْلِقَ هذا النَّشيد علينا؟ ولكنَّنا سوفَ نحيا... لأنَّ الحياةَ حياةْ.

Ist es ein solcher Gesang

Ist es ein solcher Gesang, in dem wir den Traum werden ruhen lassen auf der Brust eines Ritters,
Und nehmen wir das letzte Hemd ihm ab und ein Zeichen des Siegs und den Schlüssel zur letzten Tür,
Um das erstbeste Meer zu betreten? Friede mit dir, Gefährte des Ortes, der ortlos ist.
Friede mit deinen Füßen / die Hirten werden die Spuren deiner Augen auf dem Boden vergessen.
Friede mit deinen Armen / das Flughuhn wird wieder hier vorüberfliegen.
Und Friede mit deinen Lippen / das Gebet wird auf dem Felde niederknien. Was sollen wir der Glut deiner Augen sagen?
Was soll die Abwesenheit
Deiner Mutter sagen? Daß er einschlief im Brunnen? Und was sollen die Eroberer sagen?
Haben wir die Wolke der Stimme im Monat August besiegt?
Und was soll das Leben zu Mahmud Darwisch sagen? Du hast gelebt, geliebt, gekannt, und all die, in die du verliebt sein wirst, sind gestorben?
Ist es ein solcher Gesang, in dem wir den Traum werden ruhen lassen und ein Zeichen des Siegs und den Schlüssel zur letzten Tür davontragen werden,
Um uns in diesem Gesange einzuschließen? Doch wir werden leben ... denn das Leben ist Leben.

نَخافُ على حُلُم

نَخاف على حُلُمٍ: لا تُصَدِّقْ كثيراً فَراشاتِنا

و صدِّق قرابِينَنا إن أَرَدْتَ، وبَوصَلَةَ الخَيلِ صدِّق، وحاجَتَنا للشَّمال

رفعنا إليكَ مَناقيرَ أَرْواحِنا. أَعطِنا حَبَّةَ القَمْحِ يا حُلْمَنا، هاتِها هاتِنا

رفعنا إليك الشَّواطئَ منذُ أَتينا إلى الأَرْضِ من فِكْرَةٍ أو زِنا موْجَتَينِ

على صَخْرَةٍ في الرِّمالْ

ولا شيء، لا شيء. نَطْفو على قدمٍ من هواءٍ... هواءٍ تكسَّر في ذَاتِنا

ونَعرِفُ أَنَّكَ ترتدُّ عنَّا، وتبني سُجوناً تُسَمَّى لنا جنَّة البُرْتقال

ونَحْلُمُ... يا حلماً نَشْتَهيه، ونَسْرِقُ أَيَّامَنا من تجلِّيه فيما

مَضى من خُرافاتِنا

نَخافُ عليكَ ومنك نَخافُ. اتَّضحْنا معاً، لا تصدِّق إذَن

صبرَ زَوْجاتِنا

سيَنْسُجْنَ ثَوبَيْن ثم يبعنَ عظامَ الحبيبِ لِيبْتعنَ كأسَ

الحليبِ لأَطفالِنا.

نَخافُ على الحلمِ منه ومنا، ونَحْلُمُ يا حلمَنا، لا تصدِّقْ كثيراً

فراشاتنا!

Wir haben Angst um einen Traum

Wir haben Angst um einen Traum: Glaub nicht zu sehr unsern Schmetterlingen,
Und glaub, wenn du willst, unsern Opfergaben, dem Kompaß der Pferde und unserm Bedürfnis nach Norden.
Wir haben die Schnäbel unsrer Seelen zu dir emporgehoben. Gib uns, oh unser Traum, das Getreidekorn, gib es, gib es uns.
Wir haben die Meeresufer zu dir emporgehoben, seit wir zur Erde kamen, aus einer Idee oder aus Unzucht zweier Wellen auf einem Felsen im Sand.
Doch nicht, nichts. Wir schweben auf einem Fuß aus Luft ... einer Luft, die sich in uns gebrochen hat,
Und wir wissen, du wirst uns verleugnen, du wirst uns Kerker bauen, Paradies der Orangenbäume genannt.
Und wir träumen ... oh ersehnter Traum, wir stehlen unsere Tage seinem Erscheinen in dem, was in uns'ren Legenden vergangen ist.
Wir haben Angst um dich und Angst vor dir. Wir haben gemeinsam Klarheit gewonnen, drum glaube nicht an die Geduld unsrer Frauen.
Sie werden zwei Gewänder weben, dann die Knochen des Geliebten veräußern, um unsern Kindern ein Glas Milch zu kaufen.
Wir haben Angst um den Traum, Angst vor ihm und vor uns. Und wir träumen, oh unser Traum, glaub nicht zu sehr unsern Schmetterlingen.

هُنا تَنْتَهي رِحْلةُ الطَّير

هُنا تَنْتَهي رِحْلةُ الطَّير، رحلتُنا، رحلةُ الكلماتْ
ومن بعدِنا أُفُقٌ للطُّيورِ الجديدةِ، ومن بعدِنا أُفُقٌ للطُّيورِ الجديده
ونحن الذين ندُقُّ نُحاسَ السَّماءِ، ندقُّ السَّماءَ لتحفرَ من بعدنا
طُرُقاتْ
نُصَالِح أسماءنا فَوْقَ سفْحِ الغُيومِ البَعيدَة. سفْحِ الغيومِ البعيدهْ.
سَنَهْبُطُ عَمّا قليلٍ هُبوطَ الأَرَامِلِ في ساحَة الذِّكْرَياتْ
ونَرفعُ خَيْمَتَنا لِلرِّياحِ الأخيرةِ: هُبِّي وهُبِّي لتَحيا القصيدهْ
وتَحيا الطَّريقُ إليها. ومِن بعدنا سوفَ يَنْمو النَّباتُ ويَعلو النَّباتْ
على طُرُقٍ لم يَطَأها سِوَانا، على طرقٍ دَشَّنَتْها خُطانا العَنيده.
هنا سَوف نَحفرُ فَوقَ الصُّخورِ الأَخيرةِ: تَحيا الحياةُ، وتحيا الحياةْ
ونسْقطُ فينا. ومن بعدنا أُفُقٌ للطُّيورِ الجديدهْ.

Hier geht die Wanderung der Vögel zu Ende

Hier geht die Wanderung der Vögel zu Ende, unsere
Wanderung, die Wanderung der Worte.
Und nach uns ein Horizont für die neuen Vögel, nach
uns ein Horizont für die neuen Vögel.
Und wir, die wir das Kupfer des Himmels hämmern, wir
schlagen den Himmel, damit er nach uns Wege baut.
Wir haben uns mit unseren Namen versöhnt auf dem
Hang der fernen Wolken, dem Hang der fernen
Wolken.
Bald werden wir hinuntersteigen wie Witwen auf den
Platz der Erinnerungen,
Und wir werden unser Zelt für die letzten Winde
aufschlagen: Weht, weht, damit das Gedicht lebe
Und der Weg zu ihm lebe. Und nach uns werden die
Pflanzen wachsen, und die Pflanzen werden die Wege
Bedecken, die wir allein gegangen sind, Wege,
eingeweiht von unsern beharrlichen Schritten.
Hier werden wir in die letzten Felsen ritzen: Es lebe das
Leben, es lebe das Leben.
Und dann werden wir in uns selber fallen. Und nach uns
ein Horizont für die neuen Vögel.

رأيْتُ الوَدَاعَ الأخير

رأيْتُ الوَدَاعَ الأخير: سأُودِّعُ قافيةً من خَشَبْ
سأُرْفَعُ فوقَ أكُفّ الرجالِ، سأُرْفَعُ فوقَ عُيونِ النّساءْ
سأُرْزَمُ في علمٍ، ثم يُحْفَظُ صوتي في عُلَبِ الأشرِطه.
ستُغْفَر كلُّ خطاياي في ساعةٍ، ثم يشْتُمُني الشُّعراء
سيذكُرُ أكثرُ من قارئٍ أنّني كنْتُ أسْهرُ في بيتِهِ كل ليلهْ
ستأتي فَتاةٌ تَزعُمُ أنّي تزوّجتُها منذ عِشرينَ عاماً... ونيِّفْ.
ستُروى أساطيرُ عنّي، وعن صَدَفٍ كنْتُ أجْمعُهُ من بحارٍ بعيدَهْ.
ستَبْحَثُ صاحِبَتي عن عَشيقٍ جديدٍ تُخَبِّئُهُ في ثِيابِ الحِدادْ.
سأُبْصِرُ خَطَّ الجَنازَةِ ، والمارَّة المُتْعبِينَ من الانتِظارْ.

ولكنني لا أرى القَبْرَ بعدُ. ألاَ قبرَ لي بعد هذا التَّعَبْ؟

Ich habe den letzten Abschied gesehen

Ich habe den letzten Abschied gesehen: Ich werde
Abschied nehmen von einem Reim aus Holz,
Ich werde emporgehoben werden von Männerhänden,
werde emporgehoben werden von Frauenaugen,
Ich werde in eine Fahne eingehüllt werden, und meine
Stimme wird auf Kassetten gespeichert werden.
Man wird mir in einer Stunde all meine Sünden
vergeben, dann werden die Dichter mich schmähen.
Mehr als ein Leser wird sich erinnern, daß ich
allnächtlich in seinem Hause wachte.
Ein Mädchen wird kommen und behaupten, daß ich sie
vor einigen zwanzig Jahren geheiratet habe.
Man wird Legenden um mich weben und um die
Muscheln, die ich an fernen Meeren gesammelt habe.
Meine Freundin wird nach einem neuen Liebhaber
Ausschau halten, den sie in ihrer Trauerkleidung
verstecken wird.
Ich werde die Schlange des Leichenzugs und die des
Wartens müden Passanten sehen.

Doch ich sehe noch nicht das Grab. Gibt es etwa kein
Grab für mich nach all dieser Mühsal?

وَدَاعاً لِما سَوفَ يأَتي

وَدَاعاً لِما سَوفَ يأتي بِهِ الوقتُ بعد قليلٍ... وداعا.
وداعاً لما سوف تأتي به الأَمكنهْ...
تشابهَ في اللّيلِ لَيلي، وفي الرَّمل رَملي، وما عَاد قلبي مَشاعا.
وداعاً لمن سأَرَاها بلاداً لِنفسي. لمن سأراها ضِياعا.
سأعرِفُ كَيفَ سأَحْلُمُ بعد قليلٍ، وكيف سأحلم بعد سنهْ
وأعرف ما سَوف يَحْدُثُ في رقْصَةِ السَّيفِ والسَّوسَنَهْ،
وكيفَ سَيخْلَعُ عنِّي القِناعُ القناعا.
أأَسْرقُ عُمرِي لأَحيا دَقائقَ أُخرَى، دَقائق بين السَّراديبِ والمِئذَنَهْ
لأَشهَدَ طَقْسَ القيامةِ في حَفْلَة الكَهَنَهْ،
لأَعرفَ ما كنتُ أعرف؟ إنِّي رَأيتُ... رَأَيتُ الوَداعا.

Abschied von dem, was kommen wird

Abschied von dem, was die Zeit bald bringen wird ...
Abschied.
Abschied von dem, was die Orte bringen werden ...
Nachts sind meine Nächte sich ähnlich geworden, und im Sand mein Sand, und mein Herz gehört nicht mehr allen.
Abschied von der, die ich als Heimat ansehen werde, von der, sie ich als Verderben ansehen werde.
Ich werde wissen, wie ich in Kürze träumen werde und wie in einem Jahr.
Und ich werde wissen, was geschehen wird beim Tanze des Schwertes und der Schwertlilien
Und wie mir die Maske die Maske abnehmen wird.
Muß ich mein Leben stehlen, um weitere Minuten zu leben, Minuten zwischen den unterirdischen Gewölben und dem Minarett,
Der Zeremonie der Apokalypse bei der Feier der Priester beiwohnen,
Um zu wissen, was ich schon wußte? Ich sah ... ich sah den Abschied.

لِدِيني... لِدِيني لأَعرف

لِدِيني... لِدِيني لأعرف فيــ أي أَرضٍ أَمُــوتُ وفيــ أي أرضٍ سأُبْعَثُ حَيًّا. سلامٌ عليكِ وأَنتِ تُعدِّينَ نارَ الصَّــباحِ، ســلام عليك... سلام عليك. أما آن لي أن أُقَدِّمَ بعض الهَدايا إليكِ. أما آن لي أن أَعودَ إليكِ؟ أما زالَ شَعْرُكِ أطولَ من عُمرِنا ومن شجرِ الغَيم وهو يَمُدُّ السَّماءَ إليكِ ليحيا؟ لِديني لأَشرب مِنْكِ حليــبَ البلاَد، وأَبْقَى صَبيّاً على ساعديك وأبقىَ صبيّاً إلى أَبَدِ الآبِدِينَ. رأَيتُ كَثيراً يَا أُمِّي رأيتُ. لِديني لأبقَى على راحَتَيكِ. أما زِلتِ حينَ تُحِبِّينَني تُنْشِدينَ وتَبْكينَ. من أَجلِ لاَ شيءَ. أُمِّي! أَضَــعْتُ يَدَيّا على خَصْرِ امرأَةٍ من سَراب. أُعانِقُ رملاً أُعانِقُ ظِلاًّ. فَهَــل أَستطيعُ الرُّجوعَ إليك ِ/ إليَّ؟ لأُمِّكِ أُمٌّ، لتينِ الحديقةِ غيــمٌ. فلا تَتْرُكيني وحيداً شَريداً، أُريدُ يَدَيكِ لأَحْمِلَ قلبي. أَحِنُّ إلى خُبْــزِ صوتِكِ أُمّي! أَحنُّ إلى كل شيءٍ أَحنُّ إليَّ... أَحِنُّ إليكِ.

Gebäre mich ... Gebäre mich, damit ich weiß

Gebäre mich ... gebäre mich, damit ich weiß, auf welcher Erde ich sterben und auf welcher Erde ich wiederauferstehen werde. Friede mit dir, wenn du das Feuer des Morgens entzündest, Friede mit dir ... Friede mit dir. Ist die Zeit nicht gekommen, dir etliche Geschenke zu überreichen? Zeit, zu dir zurückzukehren? Sind deine Haare immer noch länger als unser Leben und als die Bäume der Wolken, die dir den Himmel darbringen, um zu leben? Gebäre mich, damit ich aus deiner Brust die Milch des Landes trinke und Kind auf deinen Armen bleibe, von Ewigkeit zu Ewigkeit. Ich habe viel gesehen, oh Mutter, viel gesehen. Gebäre mich, damit ich auf deinen Händen bleibe. Singst du und weinst du noch immer für nichts, wenn du mich liebst, oh Mutter? Ich hab meine Hände auf den Hüften einer chimärischen Frau verloren. Ich umarme Sand, ich umarme Schatten. Kann ich zu dir / zu mir zurück? Deine Mutter hat eine Mutter, die Feigenbäume im Garten haben Wolken. Drum laß mich nicht allein und streunend, ich will deine Hände, um mein Herz zu tragen. Ich sehne mich nach dem Brot deiner Stimme, Mutter! Ich sehne mich nach allem. Ich sehne mich nach mir. Ich sehne mich nach dir.

لُصوصُ المَدَافِن

لُصوصُ المَدَافِنِ لم يتركوا للمؤَرِّخِ شيئاً يَدُلُّ عليَّ.

ينامُون في جُثَّتي أينما طَلَع العُشْبُ منها، وقام الشَّبَحْ.
يقولونَ ما لا أُفَكِّر. ينسَونَ ما أَتَذَكَّرُ. يُعطونَ صَمْتي
ذَرائِعَهم. إستَريحوا قليلاً، لُصوصَ المَدافِنِ. في الوقتِ مُتَّسَعٌ للضَّحيَّهْ
لتُجْرِي حِواراً عن الوقتِ مع قاتلٍ قد يكون الضَّحيَّهْ.
وعُودوا إلى أَهلِكُم، رُبَّما احتاجَ أَطفالُكُم لُعبَةً غيرَ قلبي في بُنْدُقيَّهْ،
وأَسْماءهُم أو مَلابسَ أَسمائِهم كَي يَسيروا إلى المَدرَسَهْ.
أَلا تَسْتَطيعونَ أن تَرْتَدوا غير قَبري القَديمِ/ الجديدِ... هويَّهْ؟
أَلا تستطيعونَ أن تَجِدوا فارِقاً واحِداً بين ظِلَّي المُذَهَّب والنَّرْجِسهْ؟

إذن، مَن هوَ الحيُّ فينا؟ مَنِ الحيُّ في هَذِهِ المَسرَحيَّه؟

Die Grabräuber

Die Grabräuber haben dem Geschichtsforscher nichts
hinterlassen, das mein Dasein bezeugen kann.

Sie schlafen in meinem Leichnam, überall dort, wo das
Gras wächst und das Gespenst sich erhebt.
Sie sagen, was ich nicht denke. Vergessen, woran ich
mich erinnre. Sie schieben meinem Schweigen
Ihre Gründe unter. Ihr Grabräuber, ruht euch ein wenig
aus. Das Opfer hat noch Zeit,
Von der Zeit zu sprechen mit einem Mörder, der auch
Opfer sein könnte.
Und kehrt nach Hause zurück. Eure Kinder brauchen
vielleicht ein anderes Spielzeug als mein Herz in einem
Gewehr.
Vielleicht brauchen sie ihre Namen oder Kleider ihrer
Namen, um zur Schule gehen zu können.
Vermögt ihr nur mein altes / neues Grab zu tragen ... als
eure Identität?
Vermögt ihr keinen Unterschied zu finden zwischen
meinem vergoldeten Schatten und der Narzisse?

Also wer von uns ist der Lebende? Wer ist der Lebende
in diesem Theaterstück?

قَريباً من السُّورِ

قَريباً من السُّورِ، سورِ المدينةِ، أَمْنَعُ نفسي من الإعتِراف
بأنّي رأَيتُ الذينَ سيأتونَ بعد قليلٍ، سيأتون بعد قليلْ
ويَبْنوُن أسوارَهُمْ حَولَ سُورٍ قديمٍ تُحيطُ بسوُرٍ قديمْ.
وأنّي رأَيتُ الذين مَضوا من هنا، ومَضوا من هنا، بعدما
بَنَوا سورَهُم حولَ سورٍ قديمٍ يُحيطُ بسورٍ قديمْ.
قريباً من السور، أَرسُمُ سِلْسِلةً من نُجومٍ ودَائرةً من نجومْ،
وأَبْحَثُ عن حاضِرٍ كان، أو حاضرٍ كان، أو حاضرٍ سيكونْ:
أفي وسعنا أن نكون هنا... الآن؟ في وسعنا أن نكون؟
ونَبْني أسوارَنا، هَهُنا... ههنا، حولَ سورٍ قديمْ؟

سألتُ القصيدةَ، فأغرَوْرَقتْ بالغيُومْ.

Nahe der Mauer

Nahe der Mauer, der Stadtmauer, verbiete ich mir, zuzugeben,
Daß ich die gesehen habe, die bald kommen, die bald kommen
Und ihre Mauern um eine alte Mauer rings um eine alte Mauer bauen werden.
Und daß ich die gesehen habe, die von hier fortgegangen, von hier fortgegangen sind, nachdem sie
Ihre Mauern um eine alte Mauer rings um eine alte Mauer gebaut hatten.
Nahe der Mauer zeichne ich eine Sternenkette und einen Sternenkreis,
Und ich suche nach einer vergangenen Gegenwart oder einer vergangenen Gegenwart oder einer kommenden Gegenwart:
Dürfen wir hier sein ... jetzt? Dürfen wir sein?
Und hier unsre Mauern bauen, hier selbst ... hier um eine alte Mauer?

Ich habe das Gedicht befragt, und ihm stiegen Wolken in die Augen.

هُنا نَحنُ قُربَ هناكَ

هُنا نَحن قُربَ هناكَ، ثلاثونَ باباً لِخَيْمَهْ
هنا نحن بين الحَصَى والظِّلالِ مكانٌ. مكانٌ لصوتٍ. مكانٌ لحريَّةٍ،
أو مكانْ.
لأيِّ مكانٍ تَدَحْرَجَ عن فَرَسٍ، أو تناثر من جَرَسٍ أو أذانْ
هنا نحن، عَمَّا قليلٍ سَنَثْقُبُ هذا الحِصار، وعمَّا قليلٍ نُحرِّرُ غيمَهْ
ونرحلُ فينا. هنا نحن قُرْبَ هناك ثلاثونَ باباً لريحٍ، ثلاثونَ "كانْ"
نُعَلِّمُكُم أن تَرَونا، وأن تَعرِفونا، وأن تَسْمعونا، وأن تَلْمَسوا دَمَنا
في أمانْ
نعلّمكم سِلْمَنا. قد نُحِبُّ وقد لا نُحِبُّ طريقَ دمشقَ ومَكَّةَ
والقَيْرَوَانْ
هنا نحن فينا. سَماءٌ لآبَ، وبَحرٌ لِمايو، وحُرِّيَّةٌ لِحِصانْ
ولا نطْلُبُ البَحْرَ إلا لنَسْحَبَ منهُ دوائر زَرْقاءَ حولَ الدُّخانْ
هنا نحن قُرب هناك، ثلاثونَ شكلاً ثلاثونَ ظِلاًّ... لنجْمَهْ.

Hier sind wir nahe dem Dort

Hier sind wir nahe dem Dort, dreißig Türen für ein Zelt.
Hier sind wir ein Ort zwischen Kieselsteinen und
Schatten, Ort für eine Stimme, Ort für eine Freiheit
oder Ort für
Jeden Ort, der vom Pferd fiel oder von einer Glocke oder
einem Gebetsruf umhergestreut wurde.
Hier sind wir, bald werden wir die Sperre durchbrechen,
und bald werden wir eine Wolke befreien
Und in uns abreisen. Hier sind wir nahe dem Dort,
dreißig Türen für einen Wind, dreißig „Es war einmal".
Wir lehren euch, uns zu sehen, uns zu kennen, uns zu
hören und gefahrlos unser Blut zu berühren.
Wir lehren euch unseren Frieden. Wir können den Weg
nach Damaskus, Mekka und Kairouan lieben oder
nicht.
Hier sind wir in uns. Himmel für einen August und
Meer für einen Mai und Freiheit für ein Pferd.
Und wir fordern nicht das Meer, außer um blaue Kringel
rings um den Rauch aus ihm zu ziehen.
Hier sind wir nahe dem Dort, dreißig Formen, dreißig
Schatten ... für einen Stern.

لأوَّلِ مَرَّةٍ يَرى البَحْرَ

لأولِ مَرَّةٍ يَرى البَحْرَ من داخِلِهْ.

سَفِينَتُنا تَحْمِل البَرَّ باحِثَةً عن مرافئَ لِلبَرّ. كنَّا نُدافِعُ عن واجِبِ الكلماتِ، وعن كعبِ "آشيلَ". كنَّا نواصِلُ هذا الرَّحيلَ إلى البَدءِ.

من يوقِف البحرْ

كي نَجدَ البَدءَ في ساحِلِهْ

وكان الرَّوائيُّ فينا يَشُدُّ السّفينةَ نحوَ الوَراء، يريدُ الرُّجُوعَ إلى صوتِ بَيْروتَ: لاتَخْرُجوا. كان يكتبُ فَصْلاً جديداً عنِ المُعْجزاتِ،

وعن قاتِلِهْ

وحينَ انتهى من كتابَتِهِ، قام أَبْطالُ قِصَّتِهِ يلعَبونَ،

فبَالوا علَيه وبالوا على بابِلِهْ

لكي يُبْصِرَ البحرَ من داخِلِهْ

ويَحملَ عِبءَ الكلامِ على كاهِلِهْ.

Zum ersten Mal sieht er das Meer

Zum ersten Mal sieht er das Meer von innen.
Unser Schiff transportiert festes Land, nach Häfen für es suchend. Wir verteidigten die Pflichten der Worte und die Achillesferse. Wir setzten diese Reise zum Anbeginn fort. Wer wird das Meer aufhalten,
Damit wir an seinem Ufer den Anbeginn finden?
Und der Romancier unter uns zog das Schiff nach hinten, er wollte zur Stimme
Beiruts zurück: Geht nicht fort! Er schrieb ein neues Kapitel über die Wunder und über seinen Mörder.
Und als er es fertig hatte, begannen die Helden seiner Geschichte zu spielen.
Sie pißten auf ihn und sein Babylon,
Damit er das Meer von innen sieht
Und die Bürde des Wortes auf seinen Schultern trägt.

يُمَثّلُ دَوْرِي الأَخيرَ

يُمَثّلُ دَوْرِي الأَخيرَ. وكان وحيداً وحيداً على مَسْرَحِهْ
يُرَتّبُ ما لا يُرَتّبُ من جَوقَةٍ مُتْعَبَهْ
لقد أطفأُوا النُّور، وانْصَرَفوا واحِداً واحِداً خَلْفَ أَرزَاقِهِم...
وما زالَ يَلْعبُ في دَمِهِ وهو يَحْسبُهُ رَغْوَةَ العَتَبهْ.

تَقَمَّصَ دَوْرَ الشُّهودِ ودَوْرَ الشَهيدِ، ولم يَبْلُغ الإنْكِسارَ ولا الغَلَبَهْ.
وحيداً، يُرَمِّم ما انهارَ منَّا ومِنْهُ، ومن آخرِ الخَشَبَهْ
- أَلاَ بُدَّ من مَسْرَحٍ يا أَبي؟
فقالَ: ولابُدَّ من شاعرٍ في الطَّريقِ إلى قُرْطُبَهْ.
وحيداً... وحيداً يسير إلى قُرْطُبَهْ،
وَوحْدِي أُصَدِّقُهُ حينَ يَكذِبُ، مثليَ... ما أَكْذَبَهْ.

Er spielt meine letzte Rolle

Er spielt meine letzte Rolle , und er war allein, allein auf seiner Bühne.
Er ordnet, was sich nicht ordnen läßt an dem müden Chor.
Sie haben das Licht gelöscht und sind nacheinander fortgegangen auf der Suche nach einem Broterwerb ...
Doch er spielt weiter in seinem Blut, das er für den Schaum der Schwelle hält.

Er verkörperte die Rolle der Zeugen und die Rolle der Märtyrer und erreichte weder Sieg noch Niederlage.
Allein, reparierte er, was von uns und von ihm zusammengestürzt und was von den Brettern übrig war.
Braucht man unbedingt ein Theater, oh Vater?'
Er sagte: Man braucht auch unbedingt einen Dichter auf dem Weg nach Córdoba.
Allein ... er begibt sich allein nach Córdoba.
Und ich als einziger glaube ihm, wenn er lügt. Er ist wie ich ... ein verdammter Lügner!

بَقاياكَ لِلصَّقر

بَقاياكَ لِلصَّقر. من أنتَ كَي تَحفرَ الصَّخرَ وحْدَكْ،
وتَعْبرَ هذا الفَراغَ النَّهائيَّ، هذا البَياضَ النَّهائيَّ؟ مَرْحى!
ستَصْطَفُّ حولَكَ خَرُّوبَتان، وأَرْملَتانِ، وَصَمْتُ الفَضاءِ المُجَوَّفِ
بعدكْ
شهوداً على العَبَثِ البَشَريِّ. شهوداً على المُعْجزَهْ.
أَفي مِثْلِ هذا الزَّمانِ تُصَدَّقُ ظِلَّكَ، في مثلِ هذا الزَّمانِ تصدَّق وردكْ؟
وتَلْفظُ إسْمَكَ واسمَ بِلادِكَ واسمي معاً
بِلا خطأٍ، يا رفيقي، كأنَّكَ تَمْلِكُ شيئاً، كأنكَ تملكُ وعدكْ!
سَنُخلي لَكَ المَسْرَحَ الدَّائريَّ. تَقَدَّمْ إلى الصَّقرِ وَحْدَكْ،
فلاَ أَرْضَ فيكَ لِكَي تَتلاَشَى،
وَلِلصَّقْرِ أن يَتَخلَّصَ مِنْكَ، ولِلصَّقرِ أن يَتَقَمَّصَ جِلْدَكْ.

Deine Überreste dem Falken

Deine Überreste dem Falken. Wer bist du, daß du den Felsen allein aushöhlst
Und diese endgültige Leere, diese endgültige Weiße durchquerst? Hurra!
Zwei Johannisbrotbäume, zwei Witwen und die Stille des hohlen Weltalls nach dir werden sich um dich scharen
Als Zeugen des menschlichen Widersinns, als Zeugen des Wunders.
Glaubst du in solch einer Zeit deinem Schatten, glaubst du in solch einer Zeit deinen Rosen?
Und du sprichst zugleich deinen Namen, den Namen deines Landes und meinen Namen aus,
Fehlerfrei, als besäßest du etwas, Genosse, als besäßest du dein Versprechen!
Wir werden dir den Kampfplatz überlassen. Gehe dem Falken allein entgegen.
Es ist keine Erde in dir, damit du verschwindest.
Und der Falke kann dich erledigen, und der Falke vermag in deine Haut zu schlüpfen.

أَنا يُوسُفٌ يَا أَبِي

أَنا يُوسُفٌ يا أَبِي، يَا أَبِي، إخوَتي لا يُحبُّونَني، لا يُريدونني بينَهُم يا أَبي. يَعْتَدُونَ علَيَّ ويَرْمُونَني بالحَصَى والكلامِ. يريدونني أَن أَمُوت لِكَي يَمْدَحوني. وهم أوصَدوا بابَ بَيتكَ دُوني. وهم طَرَدُوني من الحَقْلِ. هم سَمَّمُوا عِنَبي يا أَبي. وهم حَطَّموا لُعَبي يا أَبي. حينَ مرَّ النَّسيمُ ولاَعَبَ شَعْرِيَ غاروا وثاروا عليَّ وثاروا عليكَ، فماذا صَنَعْتُ لَهُمْ يا أَبي؟ أَلفَرَاشاتُ حَطَّتْ على كَتِفيَّ، ومالتْ عليَّ السَّنابِلُ، والطَّيرُ حَلَّقَ فَوْقَ يَدَيَّ. فماذا فعلتُ أَنا يا أَبي، ولِماذا أَنا؟ أَنتَ سَمَّيتَني يوسفاً، وَهُمُ أَوْقَعونيَ في الجُبِّ، واتَّهَموا الذِّئبَ. والذِّئبُ أَرْحَمُ من إخوَتي. أَبَتِ! هَل جَنَيْتُ على أَحدٍ عندما قُلْتُ إِنِّي: رأَيْتُ أَحدَ عَشَرَ كَوكَباً، والشَمْسَ والقَمَرَ، رأَيتُهُم لي ساجِدينْ!

Ich bin Josef, oh Vater

Ich bin Josef, oh Vater. Oh Vater, meine Brüder lieben mich nicht. Sie wollen mich nicht unter sich haben, oh Vater. Sie fallen über mich her und werfen nach mir mit Kieselsteinen und Worten. Sie wollen, daß ich sterbe, um mich loben zu können. Und sie haben die Tür deines Hauses vor mir verschlossen. Und sie haben mich vom Feld gejagt. Sie haben meine Trauben vergiftet, oh Vater. Und sie haben mein Spielzeug zerbrochen, oh Vater. Als die Brise wehte und in meinen Haaren spielte, sind sie eifersüchtig geworden auf mich und haben aufbegehrt gegen mich und dich. Was habe ich ihnen getan, oh Vater? Die Schmetterlinge haben sich mir auf die Schultern gesetzt, die Ähren haben sich über mich geneigt, und die Vögel sind über meinen Händen geschwebt. Was habe ich getan, oh Vater, und warum ich? Du hast mich Josef genannt, und sie haben mich in den Brunnen geworfen und haben den Wolf beschuldigt. Und der Wolf ist mitleidvoller als meine Brüder, oh Vater! Hab ich Böses getan, als ich sagte, ich hätte elf Gestirne gesehen, die Sonne und den Mond, und ich hätte sie vor mir knien sehen?

يَطُولُ العَشاءُ الأَخيرُ

يَطُولُ العَشاءُ الأَخيرُ. تَطولُ وصايا العَشاءِ الأَخيرْ
أَبانا الذي مَعنا! كُنْ رَحيماً بِنا، وانْتَظِرْنا، قليلاً، أَبانا!
ولا تُبْعِدِ الكَأسَ عَنَّا. تَمَهَّلْ لِنَسأَل أَكْثَرَ مِمَّا سأَلنا
ولا تَتَّهِم أَحَداً. كُنْ رحيماً بِمن سَوفَ يَضْعُفُ مِنَّا،
أَبانا الذي في النَّهايات، واصْعَدْ رُوَيداً رويداً إلى حَتْفِنا
لقد ضاقَ هذا المكانُ الصَّغيرُ بصرختنا. ضاقَ هذا الجَسَدْ
بِفِكْرَتِنا، يا أَبانا، وقلتَ الكلامَ الذي كانَ فينا. فخُذْنا معكْ
إلى أَوَّلِ الماء خُذْنا، إلى أَوّلِ الشَّيءِ خذنا، إلى أَوّلِ الكلِمهْ.
لقد طالَ هذا العشاءُ، وقَلَّ الرَّغيفُ، وطالتْ وصاياكَ، فاصْعدْ بنا
لأَنَّ "الرَّسائلَ" بعدكَ تَغْتَالنا واَحِداً واحداً... يا أَبانا.

Das letzte Abendmahl will nicht enden

Das letzte Abendmahl will nicht enden, so wenig wie die Gebote des letzten Abendmahls.
Vater unser, der du bei uns bist! Erbarme dich unser, warte ein wenig auf uns. Vater unser!
Und laß den Kelch nicht an uns vorübergehen.
Und warte, bis wir mehr fragen können, als wir gefragt haben.
Und beschuldige keinen. Sei gnädig denen von uns, die dereinst schwach werden,
Vater unser, der du bist an den äußersten Enden, steig allmählich empor zu unserm Dahingehn.
Dieser Fleck ist zu eng geworden für unsern Schrei, und dieser Körper ist zu eng
Für unsre Idee, Vater unser, und du hast die Worte gesagt, die in uns waren. So nimm uns mit dir
Zum Anfang des Wassers, zum Anfang aller Dinge, zum Anfang des Wortes.
Dies Abendmahl wollte nicht enden, so wenig wie deine Gebote, und das Brot ist knapper geworden. Drum laß uns hinauf,
Denn nach dir morden uns die „Episteln", einen nach dem andern ... oh Vater unser.

إلَهي لِماذا تَخلّيْتَ عنّي؟

إلَهي...إلَهي، لِماذا تَخلّيْتَ عنّي؟ لماذا تَزوَّجتَ مَريَمْ؟
لماذا وعدْتَ الجُنودَ بَكرْمي الوَحِيدِ... لماذا؟ أنا الأَرْمَلَهْ.
أنا بنتُ هذا السُّكونِ، أنا بنت لَفْظَتِكَ المُهْمَلَهْ
لماذا تَخلّيتَ عنّي إلَهي، إلَهي...لماذا تزوَّجتَ مريَمْ؟
تَنَزَّلْتَ فيَّ كلاماً، وأنزلتَ شعبَين من سُنْبُلَهْ،
وزوَّجْتَني فِكْرَةً فامْتَثَلْتُ. امتثلتُ تَماماً لِحِكْمَتِكَ المُقبلَهْ؟
أَطَلَّقْتَني؟ أم ذَهَبْتَ لِتُشفِي سِوايَ- عَدوّي من المِقْصَلهْ.
أَمِن حَقِّ مَنْ هيَ مِثْلي أن تطلُبَ الله زوجاً... وأن تَسألَهْ؟
إلَهي... إلَهي... لماذا تَخلّيتَ عنّي.
لماذا تزوَّجتني يا إلَهي، لماذا... لماذا تزوَّجتَ مَريَمْ؟

Mein Gott, warum hast du mich verlassen?

Mein Gott ... mein Gott, warum hast du mich verlassen?
Warum hast du Maria zur Frau genommen?
Warum hast du meinen einzigen Weinberg den Soldaten versprochen ... Warum? Ich bin die Witwe.
Ich bin die Tochter dieser Stille. Ich bin die Tochter deines verwaisten Wortes.
Warum hast du mich verlassen, mein Gott, mein Gott ... warum hast du Maria zur Frau genommen?
Du bist herabgestiegen, Wort in mir, und aus einer Ähre hast du zwei Völker geschaffen.
Du hast mich eine Idee mir aneignen lassen, und ich habe gehorcht; ich habe mich ganz deiner künftigen Weisheit gefügt.
Hast du mich verstoßen? Oder bist du fortgegangen, um andre als mich- meinen Feind- vom Fallbeil zu heilen?
Hat die, die wie ich ist, das Recht, Gott als Gatten zu wollen ... und ihn zu fragen:
Mein Gott, mein Gott ... warum hast du mich verlassen,
Warum hast du mich zur Frau genommen, oh mein Gott ... warum, warum hast du Maria zur Frau genommen?

أُريدُ مَزِيداً من العُمْر

أُريدَ مَزِيداً من العُمْر كَي نَلْتَقي، ومَزيداً من الإغْتِراب
ولو كانَ قلباً خفيفاً لأَطْلَقْتُ قلبي على كلِّ نَحلَهْ.

أُريد مزيداً من القلبِ كي أَستطيعَ الوصولَ إلى ساقِ نَخلهْ.
ولو كان عُمْري معي لانْتَظَرْتُكِ خَلْفَ زُجاجِ الغيابْ.

أُريد مزيداً من الأُغنياتِ لأَحمِلَ مَلْيونَ بابٍ... وبابْ
وأَنْصبَها خَيمَةً في مَهَبِّ البلادِ وأَسْكُنَ جُمْلَهْ.

أُريد مزيداً من السَّيِّداتِ لأَعرِفَ آخِرَ قُبْلَهْ
وأَوَّل مَوتٍ جَميلٍ على خِنْجَرٍ من نبيذِ السَّحابْ.

أُريد مزيداً من العُمْر كي يَعرِفَ القَلْبُ أَهْلَهْ،
وكي أَستَطيعَ الرُّجوعَ إلى... ساعَةٍ من تُرابْ.

Ich will mehr Leben

Ich will mehr Leben, um dir zu begegnen, und mehr Fremdheit
Und wär' mein Herz leicht, so hätt' ich es auf jede Biene losgelassen.

Ich will mehr Herz, um an den Knöchel einer Palme heranzureichen.
Und stünde mein Leben mir frei, so hätt' ich auf dich gewartet hinter der Glaswand der Abwesenheit.

Ich will mehr Lieder, um eine Million und eine Tür zu tragen,
Sie wie ein Zelt im Herzen des Landes aufzuschlagen und in einem Satz zu wohnen.

Ich will mehr Damen, um den letzten Kuß zu kennen
Und den ersten schönen Tod auf einem Dolche aus dem Wein der Wolken.

Ich will mehr Leben, damit das Herz die Seinigen erkennt.
Und damit ich zurückkehren kann ... zu einer Stunde aus Erde.

أَلاَ تَسْتَطِيعِينَ أَنْ تُطْفِئِي قَمَراً...؟

أَلاَ تَسْتَطِيعِينَ أَنْ تُطْفِئِي قَمَراً واحِداً كَي أنام؟
أنام قليلاً على رُكْبَتَيكِ، فَيَصْحُو الكَلامْ
لِيَمْدَحَ مَوجاً من القَمْحِ يَنْبُتُ بين عُروقِ الرُّخامْ؟

تَطيرينَ منّي غَزَالاً يَخافُ، ويَرْقُصُ حَوْلي. يَخافُ ويرقصُ حوليْ
ولا أَستطيعُ اللّحَاقَ بِقلبٍ يعضُّ يَدَيْكِ ويَصْرُخُ: ظَلِّي
لأَعرفَ من أيِّ رِيحٍ يَهُبُّ عليَّ سَحابُ الحَمامْ.

أَلا تستطيعينَ أن تُطْفِئِي قمراً واحِداً كَي أَرَى
غُرورَ الغَزالِ الأَشوريَّ يَطْعنُ صيَّادَهُ قمرا
أُفَتّشُ عنكِ فلا أَهْتَدي. أَينَ سومَرُ فيَّ... وأَينَ الشاَمْ؟

تَذَكَّرْتُ أَنّي نَسَيْتُكِ. فَلْتَرْقُصي في أَعالي الكلامْ.

Kannst du nicht einen Mond auslöschen ...

Kannst du nicht einen einzigen Mond auslöschen, damit ich schlafen kann,
Ein wenig schlafen auf deinen Knien, und damit die Worte erwachen
Und die Wogen von Ähren preisen, die zwischen den Adern des Marmors wachsen?

Du fliegst vor mir davon wie eine Gazelle, die ängstlich ist und um mich tanzt, die ängstlich ist und um mich tanzt.
Und ich kann nicht ein Herz erreichen, welches dir in die Hände beißt und schreit: Bleib,
Damit ich weiß, aus welchem Wind die Wolke der Tauben zu mir weht.

Kannst du nicht einen einzigen Mond auslöschen, damit ich sehe
Die Eitelkeit der assyrischen Gazelle, die den Jäger mit einem Mond durchsticht?
Ich suche nach dir und ich finde dich nicht. Wo ist Sumer in mir ... und wo ist Syrien?

Ich erinnere mich, dich vergessen zu haben. Drum tanze auf den Höhen der Worte.

خَرِيفٌ جَدِيدٌ لاِمْرَأَةِ النَّارِ

خَرِيفٌ جدَيدٌ لاِمْرَأَةِ النَّارِ: كُونِي كما خَلَقَتْكِ الأَساطيرُ والشَّهَواتُ. وكوني رَصيفاً لِما يَتَساقَطُ من وَرْدَتي. ورَياحاً لبَحَّارَةٍ لا يُريدونَ أَن يُبْحِروا. كَم أُريدُكِ عِنْدَ هُبوطِ الخَريفِ على الرُّوحِ. كم أَتَمَنَّى بَقائي شَريداً على قَدَمٍ من حَريرِ المَدائحِ. كوني نسَاءً لقلبي، وأَسْماءَ عَينَيَّ كوني، ونافذةً للحديقةِ كوني، أُمّاً ليأْسي من الأَرضِ. كوني ملائِكتِي، أَو خَطيئَةَ ساقَين حَولي، أُحِبُّكِ قبلَ احْتِكاكِ دَمي بالعَواصِفِ والنَّحْلِ، كوني كما كنتِ. كوني كما لا تَكونينَ، مُسَّي بأَطْرَافِ ظِلِّكِ جِنَّ الأَناشيدِ يَصْحُ الكلامُ على عَسَلِ الشَّهواتِ. أُحبُّكِ أَو لا أُحبُّكِ، لا أَستطيعُ الرُّجوعَ إلى بلدي. لا أُريدُ الرُّجوعَ إلى جَسَدي. لا أُريدُ الرُّجوعَ إلى أَحَدٍ بعد هذا الخريفْ.

Neuer Herbst für die Frau des Feuers

Neuer Herbst für die Frau des Feuers: Sei, wie die Legenden und die Begierden dich schufen. Und sei ein Gehsteig für das, was herabfällt von meiner Rose. Und sei Winde für Seeleute, die nicht auslaufen wollen. Wie begehre ich dich, wenn der Herbst auf meine Seele sinkt; wie wünsche ich, verstreut zu bleiben auf einem Fuß aus der Seide der Lobeshymnen. Sei Frauen für mein Herz und Namen meiner Augen, und sei Fenster für den Garten und Mutter für mein Verzweifeln an der Erde. Sei meine Engel oder die Sünde zweier um mich geschlungener Beine. Ich liebe dich, bevor mein Blut sich reibt an den Stürmen und an den Bienen. Sei, wie du warst. Sei, wie du nicht bist, berühre mit den Fransen deines Schattens den Dschinn der Gesänge, und die Worte werden erwachen auf dem Honig der Begierden. Ich liebe dich oder liebe dich nicht. Ich kann nicht in mein Land zurück. In meinen Körper will ich nicht zurück. Ich will zu niemandem zurück nach diesem Herbst.

سَيَأْتِي الشّتاءُ الّذي كَانَ

سَيَأْتِي الشّتاءُ الّذي كَانَ... لِلمَرّةِ العَاشِرَةْ
فماذا سأفعلُ حِينَ يَجيءُ الشّتاءُ الّذي كانَ، ماذا سأفعلُ
كَي لا أَمُوتَ كَما
مُتُّ، ما بينَ قَلْبَيْنِ، أعلى من الغَيْمِ أَعلى... وأعلى؟
أُعِدُّ لَكِ الذّكْرَياتِ، وأَفْتَحُ نافذةً لِلحَمامِ المُصاب بِنِسيان دفْلَى
وأَلْمَسُ فَرْوَ غِيابك... هل كان في وَسعِنا أن نُحبَّ أَقَلَّ
لِنَفْرَحَ أكثر؟ هل كان في وسعِنا أن نحبَّ أَقَلَّ... أَقَلَّ؟

نُعِيدُ إلى الحُبِّ أشياءهُ: نُرْجِعُ الرُّوحَ للرُّوحِ، نرجع ظِلاً
إلى أَهْلِهِ. نَتَبادلُ أَسماءَ نِسيانِنا، ثُمَّ نَرْجِعُ قَتْلى... وأَحْلى
نُعيدُ إلى الحبِّ أشياءه ما كان من زَهْرَةِ الوقتِ في جَسَدَيْنْ
ولَكِنّنا لا نعودُ إلى نفسِنا، نفسِها، مَرّتَيْنْ!...

Es wird kommen der Winter, der war

Es wird kommen der Winter, der war ... zum zehnten
Mal.
Was werde ich tun, wenn der Winter kommt, der war,
was werde ich tun, um nicht zu sterben, wie
Ich schon einmal gestorben bin zwischen zwei Herzen,
höher als die Wolken, höher ... höher?
Ich bereite dir die Erinnerungen zu und öffne den vom
Vergessen eines Oleanders befallenen Tauben ein
Fenster.
Und ich liebkose den Flaum deiner Abwesenheit ...
Konnten wir weniger lieben,
Um mehr uns zu freuen? Konnten wir weniger lieben ...
weniger?

Wir geben der Liebe ihr Habe zurück: Wir geben die
Seele der Seele zurück und den Schatten
Den Seinigen. Wir tauschen die Namen unsres
Vergessens, dann kehren wir zurück, getötet ... und
schöner.
Wir geben der Liebe ihr Habe zurück, den Anteil an der
Blume der Zeit, der in zwei Körpern war.
Doch wir kehren nicht wirklich zweimal zu uns selber
zurück! ...

يُعَلِّمُني الحُبُّ ألاّ أُحِبَّ

يعلِّمُني الحُبُّ ألاّ أُحِبَّ، وأن افتحَ النَّافِذَهْ
على ضِفَّةِ الدَّرْبِ. هل تَستطِيعينَ أن تَخرُجي مِن نِدَاءِ الحَبَقْ
وأن تقسمِيني إلى اثنينِ: أَنتِ، وما يَتبقَّى من الأُغْنيَهْ؟
وحُبٌّ هو الحُبُّ. في كل حبٍّ أرَى الحُبَّ مَوْتاً لِموتٍ سَبَقْ،
ورِيحاً تُعاوِدُ دَفعَ الخُيولِ إلى أُمِّها- الرِّيحِ بينَ السَّحابةِ والأَودِيهْ...
ألاَ تَستطيعينَ أن تَخرُجي مِن طَنينِ دَمي كَي أُهَدْهِدَ هذا الشَّبَق؟
وكَي أَسْحَبَ النَّحْلَ من ورقِ الوردَةِ المُعديَهْ؟
وحُبٌّ هو الحُبُّ، يسألُني: كيفَ عاد النبيذُ إلى أُمِّهِ واحْتَرَقْ...
وما أَعْذَبَ الحُبَّ حِين يُعَذِّبُ، حين يُخرِّبُ نَرجسَةَ الأُمْنِيَهْ.

يُعَلِّمُني الحُبُّ أن لا أُحِبَّ، ويَترُكُني في مَهَبِّ الورقْ.

Die Liebe lehrt mich, nicht zu lieben

Die Liebe lehrt mich, nicht zu lieben und am Rande des Weges
Das Fenster zu öffnen. Kannst du heraus aus dem Ruf des Basilienkrauts
Und mich in zwei Stücke schneiden: in dich und in das, was übrig ist vom Lied?
Und die Liebe ist Liebe! In jeder Liebe seh ich die Liebe als Tod eines früheren Todes
Und als Wind, der sich müht, die Pferde zwischen Wolken und Tälern zu ihrem Mutterwind zurückzutreiben ...
Kannst du nicht heraus aus dem Summen meines Bluts, damit ich dies brennende Begehren besänftige
Und damit ich die Bienen von den Blättern der ansteckenden Rose klaube?
Und die Liebe ist Liebe! Sie fragt mich: Wie ist der Wein zu seiner Mutter zurückgekehrt und in Brand geraten ...
Und wie süß ist die Liebe, wenn sie die Narzisse des Wunsches quält und verwüstet!

Die Liebe lehrt mich, nicht zu lieben, und setzt mich dem Wehen der Blätter aus.

خَسِرْنا، ولَم يَرْبَحِ الحُبُّ

خَسِرْنا، ولَم يَرْبَحِ الحُبُّ شَيْئا
لأَنَّكَ يا حُبُّ حُبٌّ، لأَنَّكَ يا حبُّ طِفْلٌ مُدَلَّلْ
تُكَسِّرُ بابَ السَّماءِ الوحيدَ، وكل الكلامِ الَّذي لم نَقُلْهُ. وتَرْحَلْ
فَكَمْ وَرْدَةٍ لم نَرَ اليومَ. كم شارِعٍ لم يُحَطِّمْ كآبَةَ قلبٍ مُكَبَّلْ
وكم من فَتاةٍ يُغافِلُنا عُمْرُها ويَسيرُ إلى جِهَةٍ لا نَراها... لِتَصْهَلْ.
وكم من نشيدٍ تَنَزَّلَ فينا وكُنَّا نِياماً، وكم من هِلال تَرَجَّلْ
لِيَرْتَاحَ فَوْقَ الوِسادةِ. كم قُبْلَةٍ طَرَقَتْ بابنا حين كُنَّا بَعيدَينِ عن بيتنا
وكم حُلُمٍ ضاعَ من نَومِنا حين كنَّا نُفَتِّشُ عن خُبْزِنا
في الصُّخُورِ ونَعْمَلْ
وكم طائرٍ رفَّ حولَ نَوافِذِنا حين كنَّا نُداعِبُ أَغْلالنا في نَهارٍ مؤجَّلْ
خَسِرْنا كثيراً ولم يَرْبَحِ الحبُّ شيئاً، لأَنَّكَ يا حبُّ طِفْلٌ مُدَلَّلْ!

Wir haben verloren, und die Liebe hat nichts gewonnen

Wir haben verloren, und die Liebe hat nichts gewonnen,
Weil du, oh Liebe, Liebe bist, weil du, oh Liebe, ein Hätschelkind bist.
Du brichst das einzige Tor des Himmels auf und alle Worte, die wir nicht gesprochen haben. Und du gehst davon.
Wieviele Rosen haben wir heut nicht gesehen! Und wieviele Straßen, die nicht die Schwermut eines gefesselten Herzens zertrümmert haben.
Und wie viele Mädchen, deren Alter uns täuscht, um eine Richtung einzuschlagen, die wir nicht sehen ... um zu wiehern.
Und wie viele Gesänge haben sich offenbart in uns, während wir schliefen, und wie viele Mondsicheln sind heruntergestiegen,
Um auf dem Kissen zu ruhen. Wie viele Küsse haben an unsere Tür geklopft, als wir fern von zuhause waren.
Und wieviele Träume hat unser Schlaf verloren, als wir unser Brot in den Felsen suchten und uns schunden.
Und wieviele Vögel sind um unsere Fenster geflattert, als wir am aufgeschobenen Tag mit unseren Ketten spielten.
Wir haben vieles verloren, und die Liebe hat nichts gewonnen, weil du, oh Liebe, ein Hätschelkind bist!

سأَمْدَحُ هذا الصَّباحَ

سأَمْدَحُ هذا الصَّباحَ الجَديدَ، سأَنْسَى اللَّياليَ، كلَّ اللَّيالِي
وأَمْشِي إلى ورْدةِ الجارِ، أَخْطِفُ مِنها طَريقَتَها في الفَرَحْ.
سأَقْطِفُ فاكِهةَ الضَّوْءِ من شَجَرٍ واقِفٍ للجَميعْ...
سأَمْلِكُ وقْتاً لأَسمَعَ لَحْنَ الزّفَافِ على ريشِ هذا الحَمامْ.
سلامٌ على كلِّ شَيءٍ... شَوارِعُ كالنَّاسِ وَاقِفَةٌ بين يومَينِ...
لا تَمْلِكُ الأَرضَ غَيرُ الطُّيورِ التي حَلَّقَتْ فوقَ سَطْحِ الغِناءْ،
ولا يَمْلِكُ الطَّيرَ غَيرُ الفَضاءِ المُعَلَّقِ فوقَ أَعالي الشَّجَرْ.
سلامٌ على نَوْمِ مَن يَمْلِكونَ من الوقتِ وَقْتاً لكي يَقرأُوا...
وسلامٌ على المُتْعَبِينْ.

أَفي مثلِ هذا الصَّباحِ القَويِّ تَقولينَ لي: سأَعُودُ إلى بيتِ أُمِّي؟
أَفي مثلِ هذا الصَّباحِ تُعِيدينَ قَلْبي إليَّ على طَبَقٍ من وَرَقْ؟

Ich werde diesen Morgen preisen

Ich werde diesen neuen Morgen preisen, ich werde die
Nächte vergessen, alle Nächte,
Und ich werde zur Rose des Nachbarn gehen, werde ihr
ihre Art des Fröhlichseins rauben.
Ich werde die Frucht des Lichtes pflücken von Bäumen,
die für alle dastehn ...
Ich werde Zeit haben, auf dem Gefieder dieser Tauben
einer Hochzeitsweise zu lauschen.
Friede mit allem ... Straßen, wie Menschen zwischen
zwei Tagen stehend ...
Die Erde besitzt nur die Vögel, die das Dach des Gesangs
überflogen haben,
Und der Vogel besitzt nur das über den Bäumen
hängende Weltall.
Friede mit dem Schlafe derer, die Zeit zum Lesen haben.
Und Friede mit den Ermatteten.

Ist es solch ein starker Morgen, an dem du zu mir sagst:
Ich werde zurückkehren ins Haus meiner Mutter?
Ist es solch ein Morgen, an dem du mir mein Herz auf
einem Papierteller wiedergibst?

سَماءٌ لِبَحْرٍ

سَماءٌ لِبَحْرٍ. سَماءٌ لِتَرْسُمَ بِنْتُ الفَراشَة أُمّاً. سَماءٌ لِكُرْسي
أُصالِحُ نفسي ولو جاءتِ اليَاسمِينَةُ بعد الأوَانِ. أُصَالِحُ يومَ الأَحَدْ
سأُنْزِلُ عن يَدكِ النَّهْرَ كَي يَتعَرَّى، وأَعرِفَ كيفَ يَصِيرُ الشُّعَاعُ جَسَدْ
سأحْمِلُ عَنْك ذِرَاعِي لأُجْلِسَ هذا البَهاءَ النَّهائِيَّ فَوقَ يَدَيك وَلَدْ.
سَماءٌ لِبَحْرٍ، وبَحْرٌ لِسُورِ الحَديقَةِ. هذا النَّهارُ سَريرٌ لعُرْسي
يَحُطُّ الحَمامُ على شارَةِ العَسْكَرِيِّ، وتفلتُ عاشِقَةٌ من فَتاها
لِتأخُذَ قِطْعَةَ شَمْسٍ.
أُحِبُّكِ هذا النَهاركما لم أُحبَّكِ مِن قبل. أَرْفَع عن مَوْجَةِ اليَاسمِين
الزَّبدْ.
أَفي الأَرْضِ غَيْرُ السَّلام؟ أَفي النَّاسِ غَيرُ المَسَرَّةِ؟ إنّي أُصَالِحُ نفسي
فتدخُلُ كلُّ الشُّعوبِ مدائحَ خَمْري... وتدخُلُ زَيْتُونَ قَوْسي
أَفي مثلِ هذا النَّهارِ تَمُوتُ عَصافيرُ فِضِّيَّةٌ، هل يَموتُ أَحَدْ!

Ein Himmel für ein Meer

Ein Himmel für ein Meer. Ein Himmel, damit die Tochter des Schmetterlings eine Mutter zeichnet. Ein Himmel für einen Stuhl.
Ich werde mich mit mir selber versöhnen, auch wenn der Jasmin zu spät kommt. Ich werde mich mit dem Sonntag versöhnen.
Ich werde aus deiner Hand den Fluß fließen lassen, auf daß er sich entblößt, und ich weiß, wie der Strahl zum Körper wird.
Ich werde dir meinen Arm entziehen, um auf deinen Händen wie ein Kind diese endgültige Schönheit Platz nehmen zu lassen.
Ein Himmel für ein Meer und ein Meer für die Mauer des Gartens. Dieser Tag ist ein Bett für mein Hochzeitsfest.
Die Tauben setzen sich auf die Epauletten des Militärs, und eine Verliebte entwischt ihrem Burschen, um ein Stück Sonne zu erhaschen.
Heut' liebe ich dich, wie ich dich noch nie geliebt habe. Ich schäume die Jasminwoge ab.
Gibt es anderes auf der Welt als Frieden? Gibt es anderes in den Menschen als Glück? Ich versöhne mich mit mir selber.
Und alle Völker stimmen ein in die Lobeshymnen auf meinen Wein ... und treten zwischen die Ölbäume meines Bogens.
Ist es solch ein Tag, an dem die Vögel silbern sterben? Kann überhaupt jemand sterben?

أَسْتَطِيعُ الكَلاَمَ عَنِ الحُبِّ

وهَا أَنَذَا أَسْتَطِيعُ الكَلاَمَ عنِ الحُبِّ، عن شَجَرٍ في طريقٍ يُؤدِّي
إلى هَدَفِ الآخَرين، وعن حالَةِ الجَوِّ في بَلَدِ الآخَرِين. وأُهْدي
حَمامَ المَدينةِ حَفْنَةَ قَمْحٍ، وأَسْمَعُ أَصْواتَ جِيرانِنا وهي تَحْفُرُ جلْدي.

وها أنذا أستطيعُ الحَيَاةَ إلى آخِرِ الشَّهْر. أَبْذُلُ جُهْدي
لأَكْتُبَ ما يُقْنِعُ القَلب بالنَّبضِ عِنْدي، وما يُقْنِعُ الرُّوحَ بالعَيشِ
بَعْدي.
وفي وُسْعِ غَارْدينيا أَن تُحَدِّدَ عُمْري. وفي وُسْعِ اِمرَأَةٍ أن تُحَدِّدَ
لَحْدِي.

وها أنذا أستطيعُ الذَّهابَ إلى آخِرِ العُمْرِ في اثْنَيْنِ: وَحدي، ووَحدي
ولا أستطيعُ التَّوَاطُؤَ إلاّ مع الكَلِماتِ التي لم أَقُلْهَا، لأُفْدي
مُكُوثِي على حافَةِ الأَرضِ، بين حِصارِ الفَضَاءِ وبين جَحِيمِ التَّرَدِّي

سَأَحْيا كَما تَشْتَهي لُغَتِي أن أكونَ... سأَحْيَا بِقُوَّة هذا التَّحَدِّي.

Ich kann von der Liebe reden

Und so kann ich von der Liebe reden, von Bäumen an
einer Straße, die
Zum Ziel der anderen führt. Und vom Wetter, das
herrscht im Lande der andern. Und ich schenke
Den Tauben der Stadt eine Handvoll Getreide, und ich
höre, wie die Stimmen unsrer Nachbarn in meine Haut
eindringen.

Und so kann ich leben bis zum Ende des Monats. Ich
mühe mich,
Zu schreiben, was das Herz zu überzeugen vermag, in
mir zu schlagen, und die Seele , nach mir
weiterzuleben.
Und eine Gardenie ist imstande, mein Leben zu
erneuern. Und eine Frau ist imstande, mein Grab
festzulegen.

Und so kann ich zu zweit bis ans Ende des Lebens
gehen: allein und allein.
Und ich kann mich nur mit den Worten einlassen, die ich
nicht gesprochen habe, um meinen Aufenthalt
Am Rande der Erde, zwischen der Sperre des Weltalls
und der Hölle der Verderbnis, freizukaufen.

Ich werde leben, wie meine Sprache will, daß ich sei ...
ich werde leben kraft dieser Herausforderung.

ونَحْنُ نُحِبُّ الحَياةَ

ونَحْنُ نُحِبُّ الحَيَاةَ إذا مَا اَسْتَطعنَا إلَيْها سَبِيلاَ
ونَرْقُصُ بين شَهِيدَينِ. نَرْفَعُ مِئْذَنَةً لِلْبَنَفْسَجِ بينهُما أَو نَخيلاَ.

نُحِبُّ الحَيَاةَ إذا ما اَستطعنا إلَيها سَبيلاَ

ونَسْرِقُ من دُودَةِ القَزِّ خَيْطاً لِنَبْنِيَ سَمَاءً لَنا ونُسَيِّجَ هَذا الرَّحِيلاَ
ونَفْتَحُ بابَ الحديقةِ كَي يَخْرُجَ اليَاسمِينُ إلى الطريقاتِ نَهَاراً جَميلاَ.

نُحِبُّ الحياة إذا ما اَستطعنا إليها سَبيلاَ

ونَزْرَعُ حَيْثُ أَقَمْنا نَباتاً سَرِيعَ النُّموِّ، ونَحْصدُ حَيثُ أَقَمْنا قَتِيلاَ
ونَنْفُخُ في النَّاي لَوْنَ البَعيدِ البعيدِ، ونَرْسُمُ فَوقَ تُراب المَمَرِّ صَهيلاَ
ونَكْتُبُ أَسْماءنا حَجَراً حجراً، أَيُّها البَرْقُ أَوْضِحْ لَنا اللَّيْلَ،
أَوضِحْ قليلاَ
نُحِبُّ الحياة إذا ما اَستطعنا إليها سَبيلاَ...

Und wir, wir lieben das Leben

Und wir, wir lieben das Leben, so sehr wir nur können,
Und wir tanzen zwischen zwei Märtyrern. Wir stellen zwischen ihnen ein Veilchen ein Minarett oder Palmen auf.

Und wir, wir lieben das Leben, so sehr wir nur können.

Und wir entwenden der Seidenraupe einen Faden, um uns einen Himmel zu weben und diesen Aufbruch einzuzäunen.
Und wir öffnen das Tor zum Garten, damit der Jasmin auf die Wege hinaustritt wie ein schöner Tag.

Und wir, wir lieben das Leben, so sehr wir nur können.

Und dort, wo wir ansässig sind, säen wir schnellwachsende Pflanzen, und wir ernten dort, wo wir ansässig sind, einen Getöteten.
Und wir blasen in die Flöte die Farbe der Ferne, der Ferne, und wir zeichnen ein Wiehern in den Staub des Durchgangs,
Und wir schreiben unsre Namen Stein um Stein. Oh Blitz, erhelle uns die Nacht, erhelle ein wenig.

Und wir, wir lieben das Leben, so sehr wir nur können ...

نُؤَرِّخُ أيَّامَنا بالفَراشِ

نُؤَرِّخُ أيَّامَنا بِفَراشِ الحُقولِ، هَبَطْنا سلالِمَ أيَّامِنَا
صَعَدْنا على ما يَغِيبُ من السِّنْدِيانِ. تَرَكْنا غِياباً لأَوْهامِنا
وسِرْنا إلى الشِّعرِ نَسْأَلُهُ أن يُحَدِّدَ أَرْضاً لإِلْهَامِنا
فَسَدَّ علينا جِهاتِ الرِّياحِ، وصارَ هُوِيَّة أَصْنامِنا
سَنَكْتُبُ من أجلِ ألاَّ نَمُوتَ... سنكتبُ من أجلِ أحْلاَمِنا
سنكتبُ أسماءَنَا كَي تَدُلَّ على أَصْلِها شَرْقَ أجْسامِنا
سنكتبُ ما يَكتبُ الطَّيْرُ الفَلَواتِ، ونَنْسَى تَوَاقِيعَ أَقْدَامِنا
نَمُرُّ على الرِّيحِ...مِنَّا المسيحُ، ومِنَّا يَهُوذَا، ومنَّا مُؤَرِّخُ أَرْحَامِنا
نمرُّ على الأَرضِ...لا نَشتهي، حَجَراً للكلامِ ولا للسَّلامِ على شامِنا
خَسِرْنا، و لم يَرْبَحِ الشِّعْرُ شَيَئاً... خَسِرْنا كُهُولَة أَيَّامِنا!

Wir datieren unsere Tage mit den Schmetterlingen

Wir datieren unsere Tage mit den Schmetterlingen der
Felder, wir sind die Stufen unsrer Tage hinabgestiegen,
Wir haben den verborgenen Teil der Eiche erklettert.
Wir haben unseren Illusionen eine Abwesenheit
hinterlassen,
Und wir haben die Poesie gebeten, die Erde für unsere
Inspiration zu erneuern.
Sie hat uns die Windrose verschlossen, und sie ist zur
Identität unsrer Götzen geworden.
Wir werden schreiben, um nicht zu sterben ... wir
werden schreiben für unsere Träume,
Wir werden unsere Namen schreiben ... damit sie dem
Osten unsrer Körper ihren Ursprung nennen.
Wir werden schreiben, was die Vögel in die Lüfte
schreiben, und wir werden sie Spuren unsrer Schritte
vergessen.
Wir gehen am Wind vorbei ... Aus unsrer Mitte der
Messias, der Judas und der Chronist unsrer
Mutterleiber.
Wir gehen an der Erde vorbei ... wir wünschen keine
Steine für das Wort oder um unser Syrien zu grüßen.
Wir haben verloren, und die Poesie hat nichts
gewonnen ... wir haben das Alter unsrer Tage verloren!

Mahmud Darwisch:

DAS BEWACHTE KALTE WASSER

von Khalid Al-Maaly

Das arabische Feuilleton begann Mitte der 1960er Jahre Lyrik von Dichtern zu veröffentlichen, die man damals *Dichter des palästinensischen Widerstandes* nannte. Ein Großteil dieser Autoren lebte auf dem sogenannten Gebiet von 1948. Kennzeichnend für diese Lyrik war eine propagandistische Haltung, die unmittelbar mit den politischen Ereignissen im Nahen Osten zusammenhing, insbesondere mit dem Krieg vom 6. Juni 1967 und der Niederlage der arabischen Armeen. Die meisten Dichter gehörten der kommunistischen israelischen Partei *Rakah* an.

Die Gedichte von Mahmud Darwisch jedoch zeichneten sich dadurch aus, dass sie, im Gegensatz zur üblichen Lyrik des Widerstandes, der Poesie sehr nahe kamen. Damals bezeichnete die bekannte arabische Literaturzeitschrift *Shi'r* Mahmud Darwisch als bedeutenden Dichter, und der Lyriker *Unsi al-Hadj,* einer der Redakteure der Zeitschrift, lobte mehrmals sein dichterisches Werk. So wurde Mahmud Darwisch zu einer fast mythischen Gestalt, seine Popularität überstieg die seiner Dichterkollegen. Hundertausendfach wurden seine Bücher verkauft.

Doch dies hatte seinen Preis. Ende der 60er Jahre erschien die erste kritische Abhandlung über Darwischs Werk, ein Buch mit dem Titel *Mahmud Darwisch,* verfasst vom ägyptischen Kritiker *Raja' al-Naqqash*. Darwisch war damals 27 Jahre alt. Unzählige Bücher und Artikel folgten. Ein Großteil dieser Arbeiten waren keine Kritik im üblichen Sinne. Sie sind beim Studium seiner Lyrik keine Hilfe. Diese angeblich kritischen Arbeiten versäumen es, den Stellenwert des Dichters Mahmud Darwisch in der zeitgenössischen Landschaft der arabischen Lyrik zu skizzieren, den Einfluss des Dichters und seine Beeinflussung zu beleuchten. Kurz gesagt, alle diese Studien sind eine bloße Fortsetzung propangandistischer Schriften unter dem Mantel der Kritik. Ebenso verhielt es sich mit den Übersetzungen in andere Sprachen. Die meisten Übersetzer interessierten sich in erster Linie für die palästinensische Sache auf Kosten des dichterischen Werks.

Heute vermögen wir nicht über die unaufhörlichen Versuche des Dichters zu urteilen, sich aus dieser erstickenden Umklammerung zu befreien. Es waren für einen Dichter, der die Tragödie durchlebt hat, mutige Versuche. Ein Versuch, sich aus der Gefangenschaft zu befreien, äußerte sich in Darwischs Weigerung seine frühen Gedichte zu lesen, die keinerlei Bedeutung mehr für seine lyrische Gegenwart haben. Der Dichter *Unsi al-Hadj* kommentierte in scharfem Ton einen Vorfall in Beirut im Jahre 1972, bei dem Darwisch es ablehnte, eines dieser frühen Gedichte zu lesen, mit den Worten: »Arm dran ist der Dichter in der Geschichte, im Krieg und in der Politik! Die Zeit ist nicht die seine, wenn er nicht das Spiel mitmacht. Und wenn er ins Spiel eintritt, so als Dichter des Spiels und nicht als Dichter« (Unsi al-Hadj, Kalimat, Bd.3, S. 851).

Diese Bemerkung trifft trotz ihrer Härte den Sachverhalt genau. Mahmud Darwisch hörte nie auf, seine Gedichte zu erneuern und weiterzuentwickeln. Er war sich dieser Problematik, die sein Schicksal bestimmte, immer bewusst da seine Stimme durch Zufall zu einer kollektiven Stimme wurde: »Denn allein der Zufall machte aus meiner persönlichen Geschichte eine kollektive. Und so erkennt die Gruppe ihre Stimme in meiner persönlichen Stimme wieder. Es wird Zeit, dass wir die Kritik beenden, die nicht über das Ich und die Gruppe hinausgeht« (Masharif, Nr. 3, 1995). So ist er einer der bekanntesten arabischen Dichter, dessen lyrisches Werk bisher keiner kritischen Untersuchung unterzogen wurde. In diesem Zusammenhang sagt Darwisch in dem letzten wichtigen Interview, das er dem libanesischen Dichter *Abbas Beidun* gegeben hat: »Wenn ich eine Auswahl meiner Gedichte zusammenstellen oder meine Gedichte kritisieren wollte, so meine ich, dass ich nach meinem Verlassen Beiruts (1982) der Dichtung näher gerückt bin. Und im Gegensatz zu dem, was verbreitet wird, so betrachte ich die Beiruter Phase in meiner Dichtung als zweideutig. In erster Linie wegen des Drucks des Bürgerkriegs, dann wegen des Gefühls des Schmerzes, der Emotionalität, ich sage hier nicht aus Pflicht, deine Freunde, die in deinen Armen sterben, zu beklagen. Nicht die nationale Pflicht lässt einen dies tun, sondern die Aufregung. Und man ist ständig aufgeregt, in hohem Maße emotionalisiert.

Nichts ist gefährlicher für die Dichtung als zu wenige oder zu viele Emotionen. Dichten verlangt eine Temperatur, die zwanzig Grad nicht übersteigt. Die Kälte und das Überschäumen töten die Dichtung. Und Beirut hat dermaßen gekocht, ein Kochen der Gefühle und eine ratlose Sichtweise« (Masharif).

Aus diesen Gründen fällt es schwer, über die Lyrik Mahmud Darwischs zu schreiben. Es ist unbedingt notwendig, ihn des Mythos zu entkleiden und ihn seines Ruhmes zu entheben, um nach dem *kalten bewachten Wasser* bei ihm zu forschen. Diesen Ausdruck habe ich dem ersten Gedichtband des Dichters *Salah Stétié* entlehnt, weil ich meine, dass er eine gute Beschreibung der Gedichte von Mahmud Darwisch bietet. Die Lyrik von Darwisch birgt Hinweise auf die Details der Natur, welcher der Dichter entstammt, und diese erzählt komplizierte und reichhaltige Geschichten, gleich einem Tongefäß, das kühles Wasser von sich gibt.

Mahmud Darwisch wurde 1941 in dem Dorf *al-Barwa* in *Galiläa* als zweiter Sohn einer bäuerlichen Familie geboren. Über sein Leben, seine Kindheit und sein Dorf berichtet Darwisch im ersten Interview, das eine israelische Zeitung (Zo Hadérekh, 19.11.1969, zitiert nach der arabischen Übersetzung in *al-Adab*, Nr. 4,1970) mit ihm führte: »Ich erinnere mich an mich als sechsjährigen. Damals wohnte ich in einem ruhigen kleinen Dorf, *al-Barwa*, auf einem grünen Hügel gelegen, vor ihm erstreckte sich die Ebene von *Akko*. Ich war der Sohn einer Familie mittleren Einkommens, die von der Landwirtschaft lebte. Mit sieben Jahren hörten die Kinderspiele plötzlich auf. Und ich erinnere mich genau, wie das passierte, ich erinnere mich genau: In einer der Sommernächte, die die Dörfler gewöhnlich auf den Dächern ihrer

Häuser verbringen, weckte mich plötzlich meine Mutter und ich fand mich inmitten Hunderter Dorfbewohner in den Wald rennend. Gewehrkugeln flogen über unsere Köpfe, und ich verstand nichts von dem, was passierte. Nach einer Nacht des Umherstreifens und Fliehens fand ich mich mit einem meiner Verwandten, die sich in alle Richtungen verloren hatten, und mit anderen Kindern, in einem merkwürdigen Dorf wieder. Ich fragte naiv: Wo bin ich? Und zum ersten Mal hörte ich das Wort Libanon.«

Diese Erfahrung beendete die Kindheit Darwischs abrupt. Denn »seit diesen Tagen, und ohne vorherige Vorbereitung, stand ich regelmäßig in einer langen Schlange, um das Essen zu bekommen, das die Hilfsorganisation verteilte. Die Hauptmahlzeit bestand aus gelbem Käse ...«

Aber jene schwierigen Tage blieben im Gedächtnis des kleinen Mahmud verhaftet. Als er im Libanon zum ersten Mal einen Wasserfall sah: »... wusste ich nicht, was ein Wasserfall ist. Ich sah Äpfel an Bäumen hängen, und ich dachte, sie wachsen in Kisten.« Aber die persönliche und kollektive Tragödie schien ohne Ende zu sein. Sogar die Rückkehr in die Heimat war keine Rückkehr im üblichen Sinne: »Nach mehr als einem Jahr, in dessen Verlauf ich das Leben eines Flüchtlings lebte, sagten sie mir eines Nachts, dass wir am nächsten Tag nach Hause zurückkehren würden. Ich kann mich gut erinnern, dass ich in jener Nacht nicht geschlafen habe, ich schlief nicht vor Freude. Denn die Heimkehr bedeutete für mich das Ende des gelben Käses und das Ende der Belästigungen durch die libanesischen Kinder, die mich mit dem demütigenden Wort *Flüchtling* zu ärgern pflegten ... Und ich begab mich hinaus auf die Reise der Rückkehr. Dunkelheit umgab alles. Wir waren zu dritt: ich, mein Onkel und der Führer, der die geheimen Wege in den Tälern und Bergen kannte. Ich erinnere mich, dass wir auf unseren Bäuchen krochen, damit uns niemand sah. Nach einer anstrengenden Reise fand ich mich in einem Dorf wieder. Wie groß war meine Enttäuschung: wir kamen in dem Dorf *Dir al-Asad* an und es war nicht mein Dorf. Weder mein Haus war dort noch meine Gassen. Ich fragte: Wann kehren wir in unser Dorf zurück, in unser Haus? Aber die Antworten waren nicht überzeugend, und ich verstand nichts. Ich verstand nicht, was es bedeutete, dass das Dorf zerstört sei! Ich verstand nicht, was es bedeutete, dass meine persönliche Welt unumkehrbar beendet war. Ich verstand nicht, warum sie diese Welt zerstörten und wer jene waren, die sie zerstörten! Nach und nach gewöhnte ich mich an das Leben der Erwachsenen und an ihre Probleme. Mir wurde klar – mit großer Enttäuschung –, dass ich nicht zur Quelle der Träume und zu den Gassen der Kindheit zurückkehrte. Alles was geschah war, dass der Flüchtling seine Adresse durch eine neue ausgetauscht hatte. Ich war ein Flüchtling im Libanon, jetzt war ich ein Flüchtling im eigenen Land.«

Nach dieser Rückkehr bekam das Leben eine andere Dimension und veränderte sich grundlegend. Die Träume der Kindheit und ihre Illusionen erwiesen sich früh als nichtig. »Als ich nach *Dir al-Asad* zurückkehrte, besuchte ich die zweite Klasse. Jedesmal, wenn der Inspekteur des Bildungsministeriums die Schule besuchte, rief mich der Direktor zu sich und versteckte mich in einer Kammer. Denn für die Behörden galt ich als heimlicher Eindringling, und die Lehrer wollten mich in Schutz nehmen. Dieser Vorfall fügte meinem persönlichen Lexikon, dem Lexikon des Lebens, ein weiteres Wort hinzu: das Wort *heimlicher Eindringling*. Jedesmal, wenn die Polizei ins Dorf kam, versteckten sie mich in einem Schrank oder in irgendeiner Ecke, weil es mir verboten war, hier zu leben, in meinem Land. Sie verboten es, mir zu gestehen: Ich war im Libanon. Und sie brachten mir bei zu sagen, dass ich bei irgendeinem Beduinenstamm im Norden gewesen sei. Das tat ich, um einen israelischen Personalausweis zu bekommen.

Heute (1969) würde es vielleicht Missbilligung hervorrufen, wenn ich zum ersten Mal das Geheimnis lüftete, dass ich damals Talent fürs Malen hatte. Mein Vater hatte nicht das nötige Geld, mir die erforderlichen Utensilien zu beschaffen. Er schaffte es gerade, mir Schreibhefte zu besorgen. Das schmerzte mich sehr. Ich weinte und hörte auf zu zeichnen. Da versuchte ich, das Malen durch das Schreiben von Gedichten zu ersetzen. Dichten kostet kein Geld.«

Als die libanesische Zeitschrift *Sh'ir* in ihrer 35. Nummer im Sommer 1967 einige seiner Gedichte veröffentlichte, stellte sie ihn als einen jungen palästinensischen Dichter vor, der zwischen seinem Zuhause und dem Gefängnis wohne. Zum ersten Mal ins Gefängnis musste Mahmud Darwisch im Alter von sechzehn Jahren. In jener Zeit wurde sogar die einfache Sprache, die unschuldigen Ausdrücke, die die Kindheit hervorbringt, zu einem Druckmittel. Seitdem haben äußere Faktoren, die außerhalb seiner Macht lagen, sein Leben bestimmt. Über jene Jahre erzählte er später: »Von Anfang an hat mich meine Dichtung in Schwierigkeiten gebracht und zur Konfrontation mit der Militärregierung getrieben. Ich nenne dir ein Beispiel: Ich war Schüler der achten Klasse, als sie den Jahrestag der Gründung des Staates Israel feierten. Sie organisierten große Veranstaltungen in den Dörfern mit Beteiligung der Schüler. Der Direktor unserer Schule bat mich, an der Veranstaltung teilzunehmen, die in *Dir al-Asad* stattfand. Da stand ich mit meinen kurzen Hosen zum ersten Mal im Leben vor dem Mikrophon und las das Gedicht *Der Ruf eines arabischen Kindes an ein jüdisches Kind* vor. Am nächsten Tag wurde ich in dem Dorf *Majd al-Karrum* ins Büro des Militärgouverneurs gerufen. Er drohte mir und beleidigte mich. Ich war ratlos und wusste nicht, wie ich ihm antworten sollte. Als ich sein Büro verließ, weinte ich bitterlich, weil er seine Drohung mit den Worten beschloss: »Wenn du weiter solche Gedichte schreibst, dann erlauben wir deinem Vater nicht mehr, im Steinbruch zu arbeiten!«

Heute schmerzt es mich, mich an die Drohungen jenes Militärgouverneurs zu erinnern. Damals hatten sie eine negative Wirkung auf mich. Und in der Logik eines Jungen sagte ich zu mir: Ich bekomme die Strafe und werde nicht weiter schreiben. Und aus der gleichen Logik vermochte ich nicht zu verstehen, aus welchem Grund so ein Gedicht einen Militärgouverneur in Aufruhr versetzen konnte! Heute notiere ich, dass der Militärgouverneur der erste Jude war, den ich traf und mit dem ich sprach! Sein Verhalten störte mich: Wenn die Sache so war, wieso sollte ich zum jüdischen Kind sprechen? Der Militärgouverneur wurde zum Symbol des Bösen, das den Beziehungen zwischen den beiden Völkern schadet. Und es ist klar, dass ich auf die Fragen, die mich damals störten, erst heute eine Antwort finde.

Zum Glück erschien in meinem Leben ein anderes Bild, das dem des Militärgouverneurs entgegengesetzt war. Ich traf eine jüdische Persönlichkeit, die grundlegend anders war, die Lehrerin *Shoshana*. Nie wird mir es langweilig, von ihr zu erzählen. Sie war keine Lehrerin, sondern eine Mutter. Sie rettete mich vor der Hölle des Hasses. Sie war für mich das Symbol des aufopfernden Dienstes, den ein guter Jude seinem Volk leistet. *Shoshana* lehrte mich, die *Thora* als ein literarisches Werk zu verstehen. Und sie lehrte mich, *Chajjim Nachman Bialik* (1873-1934) zu studieren, weit jenseits seines Enthusiasmus und seiner politischen Zugehörigkeit, sondern allein seiner dichterischen Wärme wegen.«

Vielleicht liegt die Bedeutung dieser Phase im Leben von Darwisch darin, dass es ihm gelang aus seiner Tragödie Nutzen zu ziehen. Denn wiederholt erzählt er Einzelheiten aus dieser Periode, so in einem Interview, das die Zeitschrift *Masharif* mit ihm geführt hat. Er spricht von seiner ersten arabischen Lektüre und weist in diesem Zusammenhang auf seine Kenntnisse der hebräischen Sprache hin: »Meine ganze Generation beherrscht das Hebräische. Die hebräische Sprache war für uns ein Fenster, das auf zwei Seiten hinausging. Die erste Seite war die *Thora.* Sie ist ein wichtiges Buch. Ich las die *Psalmen,* das *Hohelied,* das *Buch Exodus* und die *Genesis.* Dies ist ein Material, auf das kein Intellektueller verzichten kann. Die zweite Seite war die übersetzte Literatur. Es gab damals eine rege Übersetzungstätigkeit ins Hebräische. Die Übertragung ausländischer Literatur ins Hebräische war in vollem Gang. Das erste, was ich auf hebräisch las, war *Lorca.* Auch *Neruda* habe ich auf hebräisch gelesen. Vielleicht überrascht es dich zu erfahren, dass ich die griechischen Tragödien zum ersten Mal auf hebräisch las. Ich kann nur sagen, dass ich für das Kennenlernen der ausländischen Literatur in der Schuld des Hebräischen stehe. Wenn du die Gedichte von *Yehuda Amichai* über den Ort liest und den Namen ihres Verfasser nicht kennst, wüsstest du nicht, ob du sie einem hebräischen oder arabischen Dichter zuordnen sollst.«

Die zweite Quelle, aus der Darwisch schöpft, ist die Mutter. In unzähligen Gedichten spricht er von ihr in einer einfachen, durchsichtigen Sprache. Gedichte, die heute zu den bekanntesten Liedern gehören und im Zuge einer Initiative der französischen Verkehrsbetriebe in der Pariser Metro zu lesen sind: »Meine Mutter hasste Hochzeiten und ging nicht hin. Aber sie besuchte jede Beerdigung. Einmal traf ich sie wehklagend bei einem solchen Begräbnis. Alles, was ich von ihr hörte, war Dichtung. Wenn man nach dem Ursprung meiner dichterischen Veranlagung forscht, so liegt sie in der stillen Sprache meiner Mutter.«

Mahmud Darwisch musste aufgrund der kulturellen und politischen Ereignisse einen anderen Weg gehen, seinen Weg. »Als ich aus dem Libanon zurückkehrte, warnte mich meine Familie vor der Gefahr, die in meinem Vorhaben lag, den Ort zu besuchen, wo ich geboren war und meine Kindheit verbracht hatte. Wenn ich dort verhaftet worden wäre, hätte man mich in den Libanon abgeschoben. So besuchte ich den Ort erst 1963. Mein Besuch war geheim, weil es verboten war, dieses Gebiet zu betreten. Von dem ganzen Dorf fand ich nur die Kirche wieder, die in einen Stall verwandelt worden war.

Ich betrachte mich nicht als einen reifen Dichter. Ich fühle keine künstlerische Genugtuung. Und ich gehöre zu jenen, die glauben, dass der Künstler, der zur Selbstzufriedenheit gelangt, den Grund für sein Weiterschaffen verliert.

Die Verhaftungen und die Hausarreste, die mir die Bewegungsfreiheit in meinem Land einschränkten, wurden zu einem Teil meines Alltags. Aber ich strafe diese Bestimmungen, die an Bösartigkeit grenzen, mit Verachtung. Ich bin weder beunruhigt noch überrascht. Ich sitze jeden Abend in meinem Zimmer, und es entzückt mich, mit der Sonne verbunden zu sein, weil es mir verboten ist, das Haus nach Sonnenuntergang zu verlassen. Sie erwiesen mir eine große Ehre, als sie meine Schritte mit der Sonne verbanden. Ich sitze im Zimmer, lese, höre Musik und warte auf die Polizei. Und jeden Tag um vier Uhr stelle ich im Polizeirevier meine Anwesenheit mit einem echten Lächeln unter Beweis, das nie hinterhältig ist. Sie sind nachts ständig auf Achse. Jeder von uns weiß, dass der Tag schöner ist als die Nacht. Das Licht der Sonne ist schöner als die Dunkelheit. Wer hat nun gewonnen, ich oder die Polizei?«

Darwischs Leben blieb aber, ob er es wollte oder nicht, kollektiv eingebunden. Diese Einbindung bestimmte seinen Weg. So nutzte er die Gelegenheit eines Besuchs in Moskau, wohin er 1970 mit einer Delegation der kommunistischen Partei Israels reiste, um sich nach Kairo abzusetzen. Dort verfasste er seinen berühmten Artikel *Rettet uns vor dieser harten Liebe*. Danach kehrte er erneut in den Libanon zurück, wo er weiter seine Gedichte und Prosa veröffentlichte und von 1980 bis 1993 die Zeitschrift *Karmel* herausgab. 1987 wurde er Mitglied des Palästinensischen Exilparlaments, aus dem er sich 1993 zurückzog. Nach dem Krieg um Beirut (1982) pendelte er zwischen Paris und Tunis, seit 1996 lebte er in Amman und Ramallah.

Im Jahr 2000 löste der Künstler in Israel fast eine Regierungskrise aus, als der damalige Bildungsminister Yossi Sarid einige seiner Gedichte in den israelischen Lehrplan aufnehmen wollte. Rechtsorientierte Parteien drohten daraufhin mit ihrem Rückzug aus der Regierungskoalition. Darwisch, der dies bedauerte, glaubte aber weiterhin an den Sieg der Vernunft und Frieden zwischen Israel und den Palästinensern. »Ich bin geduldig und warte auf eine tiefgreifende Revolution im Bewusstsein der Israelis.« Zusammen mit dem israelischen Psychologie-Professor Dan Bar-On wurde Darwisch 2003 mit dem Remarque-Friedenspreis der Stadt Osnabrück ausgezeichnet. Im Juli 2007 trat Darwisch zum ersten Mal wieder in Haifa auf.

Nach seiner dritten Herzoperation verstarb Mahmud Darwisch am 9.August 2008 in Houston/Texas. Daraufhin ordnete Präsident Mahmud Abbas eine dreitägige Staatstrauer an. Sein Leichnam wurde nach Ramallah überführt, wo er am 12. August 2008 ein Staatsbegräbnis erhielt und auf einem Hügel nicht weit vom Kulturpalast begraben wurde, welcher in *Darwisch-Kulturpalast* umbenannt wurde.

INHALT

Gedichtbände von Mahmud Darwisch

im *Verlag* Hans Schiler

Belagerungszustand

Aus dem Arabischen von Stephan Milich
zweisprachig arabisch-deutsch
ISBN 978- 3-89930-106-9

Warum hast Du das Pferd allein gelassen?

Aus dem Arabischen von Christine Battermann
einsprachig deutsch
ISBN 978-3-89930-421-3

Buchtipps

Stephan Milich

Fremd meinem Namen und fremd meiner Zeit

Identität und Exil in der Dichtung von Mahmud Darwisch
ISBN 978-3-89930-083-3

»Milich hat sich dem Dichter in Augenhöhe gegenübergestellt, er präsentiert sein Werk ohne jedes Interesse an orientalisierender Exotik. Das erste Buch, das Darwisch als Exildichter der Weltliteratur würdigt.« *Angelika Neuwirth*

Samir Kassir

Das arabische Unglück

Aus dem Französischen von Ulrich Kunzmann
ISBN 978-3-89930-151-9

»In der arabischen Welt könnte diese Rückbesinnung auf die eigenen, längst vergessenen Traditionen zu einem neuen Selbstbewusstsein führen und, als Alternative zu dem radikalen Islamismus, eine positive Entwicklung in der Region in Gang setzen.« *Deutschlandradio Kultur*

»...eine klarsichtige Analyse und eine packende Anklageschrift zugleich.« *Arno Widmann, Berliner Zeitung*

www.schiler.de

Joyce Mansour

Die erogene Stunde

Aus dem Französischen von Heribert Becker
teilweise zweisprachig
ISBN 978-3-89930-044-4

Ohne moralische Hemmungen und jedwede Selbstzensur, angetrieben von einem wahren *furor poeticus*, schleudert Mansour die kruden Bilder ihres Unbewussten aus sich heraus, unbekümmert darum, ob ihre Texte geschmacklos oder obszön erscheinen könnten, gleichgültig auch gegenüber den gängigen literarischen Normen – eine Dichterin, die aus den tabuisierten Zonen hinter der zivilisatorischen Fassade spricht.

José F.A. Oliver

HEIMATT - Frühe Gedichte

hrsg. von Ilija Trojanow
ISBN 978-3-89930-031-4

Von Ilija Trojanow ausgewählte Gedichte aus der frühen Schaffensphase – den 1980er und 1990er Jahren – des Adelbert-von-Chamisso-Preisträgers José F.A. Oliver, der 2015 auch mit dem Basler Lyrikpreis ausgezeichnet wurde. Mit einem einleitenden Text von der Bachmann-Preisträgerin Nora Gomringer und mit einem Gespräch zwischen José F.A. Oliver und Ilija Trojanow über Poesie und Poetologie, Migrantenliteratur, Fremdsein und Heimat, die deutsche Literaturkritik und Asyl- und Gastarbeiterpolitik.

Khalid Al-Maaly

Rückkehr in die Wüste

Aus dem Arabischen vom Autor und von Heribert Becker
ISBN 978-3-89930-011-6

Die Gedichte Khalid Al-Maalys warten innerhalb der arabischen Literatur, aber auch für die internationale Lyrik der Gegenwart, mit einer seltenen, berührenden Mischung lyrischer Sprechweisen auf. Innerlichkeit und neue Subjektivität paaren sich mit surrealen Bildern und einem durch alle Metaphern immer noch wahrnehmbaren politischen Hintergrund.